Mosaik bei
GOLDMANN

Buch

Liebe braucht keine Worte: Heidi Keller und Arnold Lohaus helfen, die Mimik und Körpersprache des Kindes zu verstehen. Die beiden Experten der Entwicklungspsychologie zeigen auf faszinierende Weise die vielfältigen Ausdrucksmöglichkeiten von Babys und Kleinkindern. Sie schildern die Entwicklung von Mimik, Motorik und Lautbildung und geben Eltern einen Einblick in die Gefühlswelt ihres Kindes. So können sie es besser verstehen und auf seine Bedürfnisse eingehen.

Autoren

Prof. Dr. Heidi Keller leitet die Abteilung Entwicklungspsychologie der Universität Osnabrück. Ihre Arbeitsschwerpunkte liegen in der Säuglingsforschung und der Familienentwicklung in verschiedenen Kulturen.

Prof. Dr. Arnold Lohaus leitet die Abteilung Entwicklungspsychologie der Universität Marburg. Er arbeitet an der Erforschung der kognitiven und sozialen Entwicklung von Kindern.

Prof. Dr. Heidi Keller
Prof. Dr. Arnold Lohaus

Was dein Kind dir sagen will

Körpersprache und Entwicklung in den ersten Lebensjahren

Mosaik bei
GOLDMANN

Die Ratschläge in diesem Buch wurden von den Autoren und vom Verlag sorgfältig erwogen und geprüft, dennoch kann eine Garantie nicht übernommen werden. Eine Haftung der Autoren bzw. des Verlags und seiner Beauftragten für Personen-, Sach- und Vermögensschäden ist ausgeschlossen.

1. Auflage
Überarbeitete Taschenbuchausgabe Oktober 2005
Wilhelm Goldmann Verlag, München,
in der Verlagsgruppe Random House GmbH

Dieser Titel ist im Falken Verlag
unter der Nummer 7513 erschienen.
Umschlaggestaltung: Design Team München
Umschlagfoto: photonica, Charles Gullung
Fotos: Heidi Velten
Satz: Barbara Rabus
Druck und Bindung: GGP Media GmbH, Pößneck
CH · Herstellung: Han
Printed in Germany
ISBN 3 442 16731 0

www.goldmann-verlag.de

Inhalt

Bildteil

Vorwort – Körpersprache und Entwicklung

Dieses Buch richtet sich vor allem an junge Eltern, die an der Entwicklung von Kindern in den ersten Lebensjahren interessiert sind. In den letzten Jahren ist das Säuglings- und Kleinkindalter intensiv erforscht worden, und es wurde vieles entdeckt, was zuvor nicht bekannt war. Dabei hat sich zunehmend das Bild vom passiven »hirnrindenlosen Reflexwesen« gewandelt zum Bild des kompetenten Säuglings. Die Beschreibung dieser Kompetenzen steht im Mittelpunkt dieses Buches.

Die Kompetenzen des Säuglings bilden jedoch nur die eine Seite der Medaille. Gleichzeitig hat sich zunehmend gezeigt, dass auch die Eltern in der Regel über Kompetenzen verfügen, sich in angemessener Weise auf die jeweiligen Fähigkeiten und Bedürfnisse ihres Kindes einzustellen. Dies geschieht in einer intuitiven Weise, ohne dass Eltern dauernd darüber nachdenken müssten, welche Situation bei ihrem Kind gerade vorliegt und wie sie reagieren sollten. Dies lässt sich an dem »Babytalk« zeigen, den Eltern, aber auch schon ältere Geschwister, in der Interaktion mit Kindern häufig äußern: Sie sprechen mit erhöhter Stimme und besonderer Intonation mit jüngeren Kindern. Dieses Verhalten kommt den Hörfähigkeiten und der Reizverarbeitung von Säuglingen entgegen. Ohne offenbar darüber nachzudenken, wird also von den Interaktionspartnern ein Verhalten gezeigt, das an die Fähigkeiten von Säuglingen optimal angepasst ist.

Vielleicht kommt es also nicht darauf an, möglichst viel über sein eigenes Verhalten im Umgang mit einem Säugling zu reflektieren, sondern sich auf die eigenen Intuitionen zu verlassen. Dies mag sich in späteren Lebensabschnitten ändern, aber gerade in den ersten Lebensmonaten sind die Verhaltensweisen von Eltern in natürlicher Weise auf die Kompetenzen und Bedürfnisse von Säuglingen abgestimmt, um sein Überleben zu sichern und seine Entwicklung zu fördern. Wir haben uns daher in diesem Buch bemüht, zwar die Kompetenzen und Bedürfnisse von Säuglingen zu beschreiben, mit Verhaltenstipps an Eltern aber eher sparsam umzugehen. Wir haben weiterhin die Textpassagen eher knapp gehalten und dafür mehr Bildmaterial eingefügt, um eher die Intuition als den Verstand anzuregen. In diesem Sinne hoffen wir, Ihnen ein anregendes Buch an die Hand zu geben.

Die Verhaltensfähigkeiten des Neugeborenen

Lange Zeit wurden Säuglinge als »Reflexwesen« angesehen, die außer der Sicherstellung von Wärme, Nahrung und Sauberkeit keine weitere Pflege benötigen. Dieses Bild wurde durch die seit den 50er Jahren aufblühende Kleinkindforschung gründlich revidiert. Schon in den 70er Jahren erschienen erste Buchtitel, die die umfangreichen Kompetenzen eines Säuglings hervorhoben. Durch Langzeitbeobachtungen von Säuglingen in ihrem natürlichen Alltagskontext hatte man nämlich herausgefunden, dass Säuglinge, entgegen den älteren Annahmen, über viele Kompetenzen und Fähigkeiten verfügen, die es ihnen vom ersten Lebenstag an ermöglichen, am sozialen Geschehen teilzunehmen und darauf auch Einfluss zu nehmen.

Wahrnehmung

Tasten, Riechen, Schmecken

Säuglinge verfügen ab der Geburt über vielerlei Fähigkeiten und Erfahrungsmöglichkeiten. Dazu gehören zuallererst funktionstüchtige Sinnesorgane. Unstreitig, zumindest seit Beginn des letzten Jahrhunderts, ist zum Beispiel das Funktionieren des Tastsinnes bei Neugeborenen. Weiterhin weisen vielfältige Abscheureaktionen (vom Gesichtverziehen bis hin

zum Würgen) bei bitteren, sauren und salzigen Stoffen auf einen funktionierenden Geschmackssinn hin. Und schließlich zeigt die Verweigerung der Brustwarze, wenn diese mit einem »schlecht riechenden Stoff bestrichen war«, ein Funktionieren des Geruchssinns an. (Dies war die Meinung William Sterns, der 1923 das erste Lehrbuch der Kleinkindforschung veröffentlichte.) Schon diese frühen Untersuchungen zeigen deutlich, dass diese Sinne nicht nur von Beginn an funktionieren, sondern dass bereits auch deutliche Präferenzen zu beobachten sind. Durch die mimischen Reaktionen auf Geruchs- und Geschmacksreize sagen uns Säuglinge zum Beispiel, dass sie in der Regel süße Nahrung bevorzugen. Sie verzerren dann nicht ihr Gesicht, sondern steigern im Gegenteil den Rhythmus des Saugens.

Hören

Die größten Veränderungen in der Sichtweise des menschlichen Säuglings von einem Reflexwesen hin zum kompetenten Säugling basieren auf Untersuchungen zum Sehen und Hören, die bis in die 50er Jahre des letzten Jahrhunderts zurückgehen. Noch William Stern beschrieb 1923 den Gehörsinn als den am geringsten entwickelten von allen Sinnen. Seiner Meinung nach sind »viele Neugeborene ... mehrere Stunden oder sogar tagelang völlig taub, was zum Teil auf einer Verstopfung der Gehörgänge mit Fruchtwasser beruht«. Wie wir heute wissen, beeinträchtigen die verstopften Ohren die Hörfähigkeit nicht. Im Gehörgang befindet sich, wie auf der gesamten Hautoberfläche des Neugeborenen, eine Mischung aus Blut und Käseschmiere, die aber innerhalb weniger Stunden verdunstet. Die Hörfähigkeit wird davon nicht beeinflusst.

In den 60er Jahren des letzten Jahrhunderts wurde in weiteren Untersuchungen mit 10 Minuten alten Neugeborenen festgestellt, dass sie zuverlässig mit Augenbewegungen auf Klickgeräusche, die hinter ihnen gemacht wurden, reagierten. Diese Reaktion zeigt deutlich, dass die Säuglinge hören und dass sie ihre Aufmerksamkeit auf die Quelle des Geräusches ausrichten und versuchen, diese zu lokalisieren. Dieser Versuch zeigt weiter, dass die verschiedenen Sinnessysteme bereits eine Verbindung untereinander haben. Die Säuglinge reagieren mit Sehbewegungen auf Geräusche. Natürlich unterscheidet sich das kindliche Hören von dem Erwachsener, da viele Funktionen noch ausreifen müssen. So muss das Klicken zum Beispiel eine bestimmte Lautstärke erreichen,

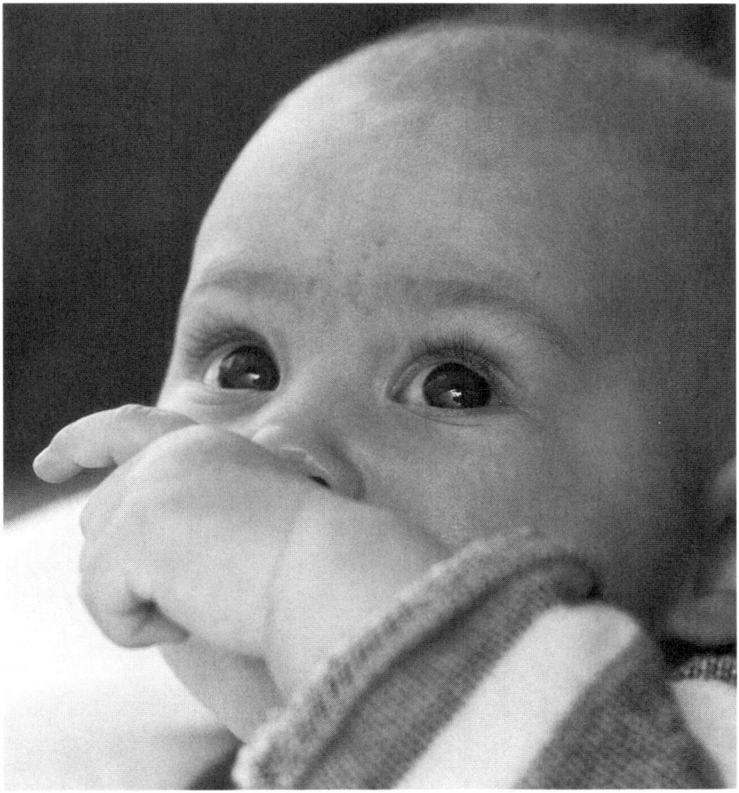

damit Säuglinge darauf reagieren. Mit drei Monaten reicht dann bereits leises Flüstern aus.

Die Stimme der Mutter

Die Hörfähigkeiten von Säuglingen gehen jedoch noch erheblich weiter. Es ließ sich nämlich zeigen, dass Säuglinge schon vier Tage nach der Geburt die Stimme der Mutter von anderen Stimmen unterscheiden können. Wenn sie die Stimme der Mutter hörten, erhöhten die Säuglinge die Frequenz des Saugens an einem Nuckel. Sie erkennen die Mutter nicht nur, sie bevorzugen sie auch. Die Säuglinge lernten daher schnell, ihren Saugrhythmus so einzurichten, dass sie die Stimme ihrer Mutter hörten. Diese Bevorzugung gilt nicht für die Stimme des Vaters im Vergleich zu fremden Männern (auch wenn sie den Vater nach der Geburt gleich häufig gehört hatten wie die Mutter). Daraus folgt, dass vermutlich schon vorgeburtliche Erfahrungen mit der mütterlichen Stimme bestehen, die die spätere Bevorzugung der Stimme der Mutter vorbereiten.

Um dies zu prüfen, wurden Mütter gebeten, in den letzten sechs Schwangerschaftswochen eine kurze Geschichte zweimal am Tag laut zu lesen. Nach der Geburt konnten die Kinder durch bestimmte Saugfrequenzen entscheiden, ob sie diese oder eine andere Geschichte bevorzugten. Die bekannte Geschichte wurde deutlich bevorzugt! Ähnliche Ergebnisse zeigen sich auch, wenn Kindern wenige Tage nach der Geburt Geschichten in der Muttersprache im Vergleich mit einer Fremdsprache vorgelesen werden (von derselben Person). Die Kinder bevorzugen dann schon die Muttersprache. Auch dies spricht dafür, dass möglicherweise schon vorgeburtliche Einflüsse vorliegen.

Hohe und tiefe Töne

Interessant ist weiterhin, dass Säuglinge hohe Töne gegenüber niedrigen Tönen bevorzugen (bei Geräuschen und auch der menschlichen Stimme). Dies könnte gleichzeitig die Erklärung für die Erhöhung der Stimmlage sein, wenn Eltern mit ihren Säuglingen sprechen. Weiterhin ließ sich zeigen, dass bestimmte Rhythmen (wie der Herzschlag) eine beruhigende Wirkung auf Säuglinge haben. Dies könnte der Grund sein, weshalb sich auch in der Sprache mit Säuglingen und in Kinderliedern viele rhythmische Elemente finden.

Sehen

Die weitaus meisten Untersuchungen gibt es zum kindlichen Sehen. Vergegenwärtigen wir uns noch einmal den Stand von 1923: »Man muss sich freilich dieses erste ›Sehen‹ des Neugeborenen so primitiv wie möglich denken; nur starke Helligkeitsunterschiede vermögen die geschilderten Reaktionen hervorzurufen; Farbe, Form, Lage, Entfernung existiert noch nicht für das Kind; von einem ›Sehen‹ der Gegenstände ist keine Rede.«

Diese Sichtweise wurde inzwischen gründlich revidiert. In den 60er Jahren des letzten Jahrhunderts wurde in Untersuchungen an Neugeborenen festgestellt, dass sie verschieden lange auf unterschiedliche optische Muster schauten. Und diese Differenzen zeigten eine gewisse Systematik.

Beschäftigen wir uns etwas ausführlicher mit dem visuellen System. Kinder können von der Geburt an hell und dunkel unterscheiden, wie der Pupillenreflex zeigt. Und sie reagieren auf Bewegung, das heißt, sie verfolgen ab der Geburt mit den Augen Gegenstände, die sich bewegen. Bald drehen sie auch den Kopf nach sich bewegenden Reizen. Sie ziehen bestimmte (beispielsweise sich bewegende) Reize anderen vor. Früh, etwa im Alter von zwei Monaten, entwickeln Säuglinge eine Tendenz, bevorzugt auf Gesichter zu schauen. Wenn man vor dem Gesichtsfeld eines Säuglings auf der einen Seite ein Gesicht und auf der anderen Seite einen anderen Gegenstand platziert, dann blicken Säuglinge meist auf das Gesicht. Das Gesicht hat offenbar von Anfang an eine besondere Bedeutung, auch wenn am Anfang noch nicht zwischen individuellen Gesichtern unterschieden wird. Allerdings ist die Wahrnehmungsgenauigkeit am Anfang noch eingeschränkt. So können Säuglinge Gegenstände in größerer Entfernung nur unscharf erkennen. Eine Person in mehreren Metern Entfernung wird beispielsweise nur verschwommen wahrgenommen.

An dieser Stelle mag man sich die Frage stellen, wie man denn wissen kann, wie scharf ein Säugling etwas sehen kann, wenn man ihn doch nicht fragen kann. Eine Möglichkeit dazu ist die Verwendung von Schachbrettmustern mit unterschiedlich feinen Unterteilungen. Wenn man einem Säugling beispielsweise minutenlang immer wieder ein Schachbrettmuster mit 16 Feldern zeigt, dann findet er das Muster allmählich langweilig. Er gewöhnt sich daran. Zeigt man ihm nun ein Schachbrettmuster mit 25 Feldern, dann findet er es wieder interessant, weil es sich von den bekannten Mustern unterscheidet. Der Säugling wird dieses Muster also wieder länger betrachten. Dies gilt aber nur, wenn sein Auflösungsvermögen ausreicht, um das Muster mit 25 Feldern von dem Muster mit 16 Feldern zu unterscheiden. Wenn er es nicht unterscheiden kann, bleibt er weiterhin gelangweilt und schaut nicht länger zu dem neuen Muster. Auf diese trickreiche Weise lässt sich also feststellen, wie weit das visuelle Auflösungsvermögen eines Säuglings reicht.

Der Bereich, in dem die Wahrnehmungsleistung von Säuglingen am besten ist, liegt in einem Abstand von etwa 20 bis 25 Zentimeter. Der Grund für diese Besonderheit besteht darin, dass Säuglinge die Muskeln, die die Augenlinse an die jeweilige Entfernung eines Gegenstandes anpassen, noch nicht gezielt bewegen können. Die Augenlinse befindet sich daher fast durchgängig in entspanntem Zustand. Dies hat zur Folge, dass der Bereich, in dem scharf gesehen wird, eingeschränkt ist. Es lässt sich ebenfalls zeigen, dass die Genauigkeit, mit der die Augen Objekte abtasten, noch recht gering ist. Wird einem Säugling beispielsweise ein großes Dreieck präsentiert, so verharren die Augen häufig in einer der Ecken, sie umfahren aber nicht in systematischer Weise das ganze Dreieck.

Dies kann einerseits, wie gesagt, damit zusammenhängen, dass es für Säuglinge schwierig ist, die Augenmuskeln gezielt zu benutzen. Andererseits kann aber auch der geringe Erfahrungshintergrund eine Rolle spielen: Der Säugling hat noch keine Idee, wonach er mit seinen Augen suchen soll. Während Erwachsene wissen, dass es sich um ein Dreieck handelt, wenn sie die Ecken betrachten, ist dies natürlich für den Säugling noch bedeutungslos. Alle Teile des Objektes sind für ihn gleich wichtig oder unwichtig. Es würde ihm keine zusätzliche Erkenntnis bringen, das Objekt systematisch mit den Augen abzutasten, so dass er genauso gut an irgendeiner Stelle verharren kann. Das bedeutet auch, anders als bei der Wahrnehmung von Stimmen, dass die Gesichter der Eltern in den ersten Lebenswochen noch nicht in ihrer ganzheitlichen Gestalt von fremden Gesichtern unterschieden werden können. Das bedeutet allerdings nicht, dass nicht einzelne Komponenten, wie etwa die Augenpartie, erkannt und wieder erkannt werden können.

Reagieren

Eindeutige Reaktionen finden sich vor allem auf Reize, die von unmittelbarer Bedeutung für Säuglinge sind, wie bei unangenehmen Schmerz-, Geruchs- oder Geschmacksreizen. Hier sind kaum Lernerfahrungen notwendig, und die Reaktionen erfolgen spontan. Seit neuestem wissen wir, dass der Geruchssinn sehr komplex ist. 1000 verschiedene Gene, also etwa drei Prozent der genetischen Ausstattung des Menschen, informieren den Geruchssinn. Alle Sinneseindrücke müssen durch beständiges Lernen verarbeitet werden, damit sie im Laufe der Zeit einen Sinn bekommen. Das erste Lebensjahr ist daher einer der lernintensivsten Abschnitte des Menschen.

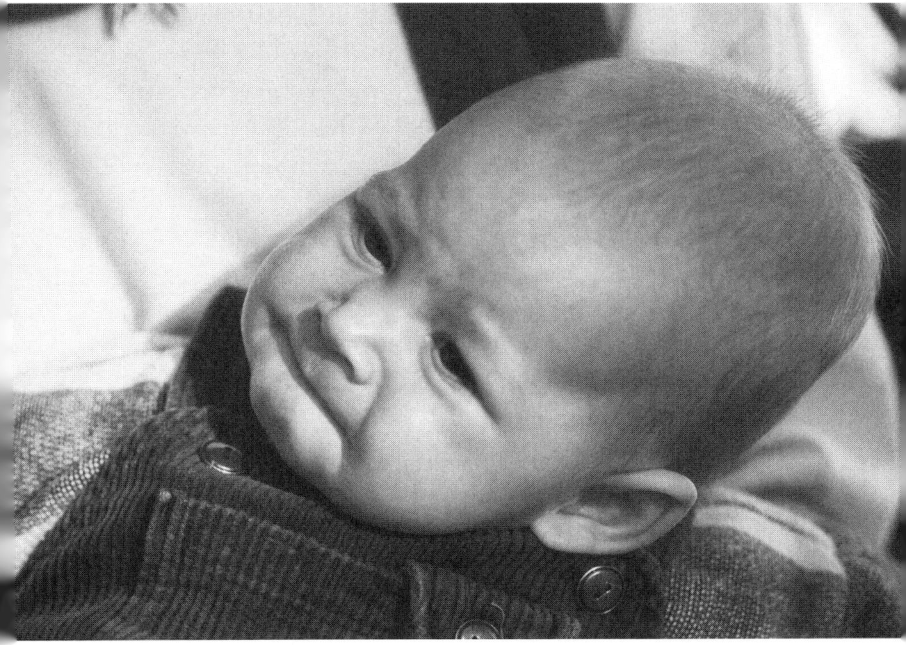

Wahrnehmungen und Empfindungen von Säuglingen erschließen sich durch die Beobachtung ihrer Reaktionen. Mit der Bewegung der Augen und des Kopfes verraten Säuglinge, was sie jeweils besonders interessiert. Umgekehrt verraten sie dadurch aber auch, was ihnen unangenehm ist. Ein Säugling, der etwas nicht mag, wird sich abwenden, sein Gesicht verziehen, vielleicht sogar seine Händchen zur Abwehr hinzunehmen und schlimmstenfalls anfangen zu weinen. Babys, die sich wohl fühlen, werden dies durch körperliche Entspannung, durch ein Öffnen des Blickes und durch erste Formen von Lächeln sowie positive Lautbildungen zeigen.

Lernen und Denken

Zu den frühesten Lernleistungen, die bereits Säuglinge im Alter von wenigen Tagen zeigen, gehört die Unterscheidung zwischen Bekanntem und Neuem. Um dies nachzuweisen, wird zunächst ein Gegenstand so lange präsentiert, bis eine Gewöhnung (Habituation) stattgefunden hat. Bietet man nun einen zweiten Gegenstand dar, der von dem Säugling als neu erkannt wird, so zeigt sich dies beispielsweise darin, dass der neue Gegenstand länger betrachtet wird. Dies haben wir bereits weiter vorne in Bezug auf die visuelle Unterscheidung der Schachbrettmuster beschrieben. Diese Habituationsfähigkeit von Säuglingen macht man sich zunutze, um ihre kognitiven Fähigkeiten zu analysieren. So kann man nicht nur Aufschluss über die Habituationsgeschwindigkeit erhalten, sondern auch über die Kompetenz von Säuglingen, zwischen Objekten bzw. Objektklassen zu differenzieren.

Darüber hinaus sind Säuglinge bereits frühzeitig dazu in der Lage, Verbindungen zwischen Ereignissen zu erkennen. In vielen Studien wurde nachgewiesen, dass Säuglinge Verknüpfungen zwischen Bildern, die ihnen sukzessive dargeboten werden, erkennen. Wenn beispielsweise auf eine Leinwandhälfte einfache Bildmuster projiziert werden und nach einem bestimmten Bild jeweils zwei Sekunden später ein anderes Bild auf die zweite Leinwandhälfte projiziert wird, so lernen Säuglinge in der Regel bereits in den ersten Lebensmonaten, den Blick schon im Voraus auf die zweite Leinwandhälfte zu richten, wenn das Bild erscheint, das das zweite Bild ankündigt. Säuglinge dieses Alters sind weiterhin auch dazu fähig, einen Zusammenhang zwischen eigenen Beinbewegungen und einer daraufhin einsetzenden Mobilebewegung zu erkennen, wenn ein Mobile mit einem Band an ihrem Bein befestigt wird.

Die frühkindlichen Lernleistungen im Säuglingsalter wurden in verschiedenen Studien zur späteren Intelligenz (gemessen mit Intelligenztests) in Beziehung gesetzt. Hier zeigte sich, dass die Habituationsfähigkeit und auch die Fähigkeit, frühzeitig Zusammenhänge zwischen Ereignissen erkennen zu können, in gewissem Maße die spätere Intelligenz eines Kindes vorhersagen konnte.

Bewegung

Bewegungen des Fötus und des Neugeborenen

Früher wurde das Bewegungsrepertoire von Säuglingen meist als eine Vielzahl von Verhaltensreflexen beschrieben. Heute wissen wir, dass neben den Reflexen viele weitere Verhaltensweisen vorhanden sind, die zudem eine erstaunliche Beständigkeit zwischen den Bewegungen des Fötus im Mutterleib und den Bewegungsmustern des Neugeborenen aufweisen. So zeigen Säuglinge im letzen Drittel der Schwangerschaft im Mutterleib schon Hand- und Beinbewegungen, sie schneiden Grimassen, schlucken, gähnen, runzeln die Stirn. Man hat herausgefunden, dass solche spontanen Bewegungen bei Föten und auch noch nach der Geburt wichtige Hinweise darauf liefern, ob neurologische Schädigungen oder Beeinträchtigungen vorliegen (die Qualität der Bewegungen verändert sich dann, nicht jedoch ihre Häufigkeit). Dadurch werden natürlich auch neue Möglichkeiten der Frühdiagnostik erschlossen.

Neugeborenenreflexe

Die Neugeborenenreflexe haben einen großen Stellenwert in der Untersuchung der Reife und des neurologischen Zustandes von Neugeborenen. So erfassen verschiedene Neugeborenen-Tests eine große Vielzahl solcher Reaktionen. Säuglingsreflexe weisen dabei eine sehr interessante Besonderheit auf: Um eine gesunde Entwicklung anzuzeigen, müssen diese Reflexe zu unterschiedlichen Zeitpunkten bis zum Ende des ersten Lebensjahres verschwinden. Nur wenige Reflexe überdauern bis ins Erwachsenenalter, wie der Blinzelreflex bei hellen Lichtreizen oder der Rückziehreflex bei Schmerzreizen. Dass die Reflexe so frühzeitig verschwinden, liegt sicherlich zum einen daran, dass sie ihre ursprüngliche Funktion vielfach längst verloren haben. Zuweilen glaubte man sogar, dass der Säugling in dieser frühen Zeit eine Rekapitulation der Menschheitsgeschichte durchmacht und Verhaltensmuster zeigt, die zu bestimmten Entwicklungsstadien der Menschheitsgeschichte von Bedeutung waren. Andererseits scheinen Reflexe sozusagen eine Ausgangslage zu überbrücken, die dann durch gezielte und gesteuerte Handlungen schnell überformt wird. Dies gilt beispielsweise für den Greifreflex, der später in die gezielte Greifhandlung übergeht.

Im Folgenden beschreiben wir die wichtigsten Säuglingsreflexe:

Suchreflex

Berührt man Säuglinge an der Wange, so drehen sie den Kopf zur Seite. Dieser so genannte Suchreflex dient dazu, schnell an die Brustwarze oder an das Fläschchen zu kommen.

Saugreflex

Sobald die Brustwarze oder der Nuckel gefunden ist, beginnt der Säugling, ebenfalls reflexhaft, mit Saugbewegungen. Wenn er aufhört oder unterbrechen will, signalisiert er dies, indem er Brustwarze oder Nuckel – teilweise mit Hilfe der Zunge – aus seinem Mund herausdrückt und sich abwendet.

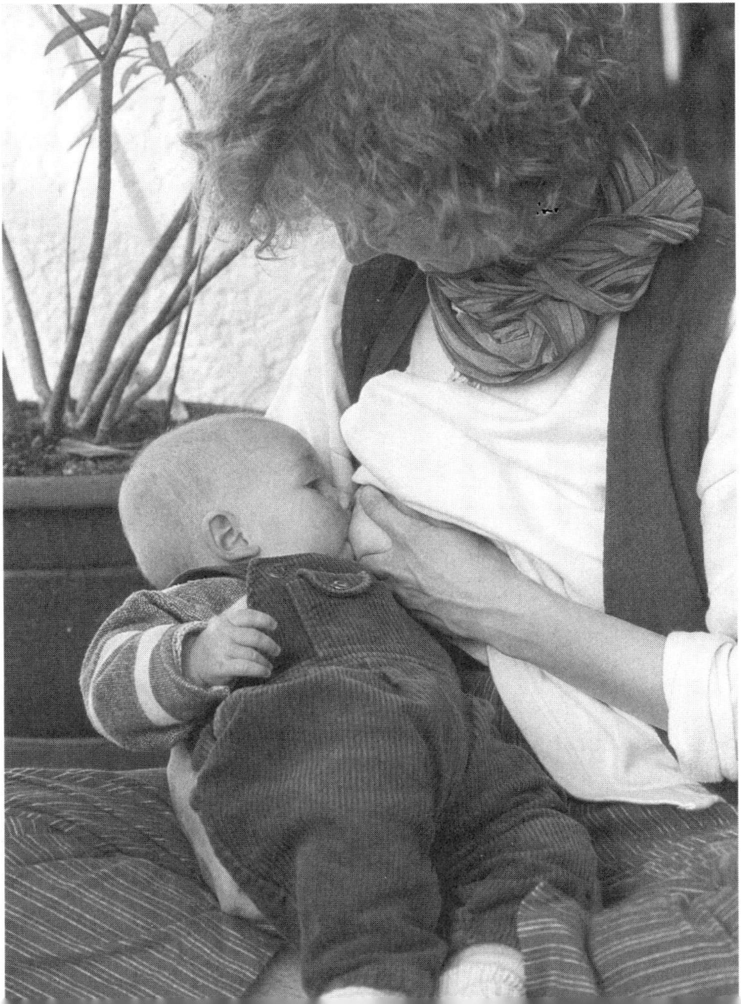

Schluckreflex
Das Schlucken des Säuglings ist ebenfalls zunächst reflexhaft geregelt. Das letzte Verhaltenselement der Nahrungsaufnahme ist dementsprechend der Schluckreflex, der dann eintritt, wenn bestimmte Bereiche des Mundes stimuliert werden. Für Lernen ist keine Zeit, diese Verhaltensweisen müssen von Geburt an funktionieren. Such- und Saugreflex verschwinden in der zweiten Hälfte des ersten Lebensjahres.

Schreitreflex
Interessant zu beobachten ist der Schreitreflex, der ausgelöst wird, wenn ein Säugling in leicht vornübergebeugter Haltung gehalten wird und die Füßchen einen Untergrund berühren. Das Kind zeigt dabei Anfänge einer Gehbewegung. Dieser Reflex verschwindet nach einigen Wochen wieder. Er könnte bedeuten, dass die Grundlagen des Gehens bereits vorgeburtlich entwickelt worden sind, dass sie jedoch erst mit den Gesetzen der Schwerkraft in Harmonie gebracht werden müssen, um dann das wirklich aufrechte Gehen zu ermöglichen. In ähnlicher Weise zeigen sich auch Schwimmbewegungen, wenn ein Neugeborenes bäuchlings in Wasser gelegt wird. Dieser Reflex dient eindeutig der Überlebenssicherung, und auch er verschwindet schnell wieder.

Moro-Schreckreflex
Ein weiterer oft zu beobachtender Reflex ist der so genannte Moro-Schreckreflex, der zum Beispiel bei lauten Geräuschen oder einer plötzlichen Positionsveränderung des Säuglings auftritt. Die Reaktion des Säuglings sieht dramatisch aus, in-

dem er die Arme und Beine plötzlich und schnell in eine umarmungsähnliche Position streckt. Auch hier dürfte mit ziemlicher Sicherheit die Überlebensfunktion im Vordergrund stehen, um durch Anklammern einer drohenden Gefahr zu entgehen. Der Moro-Reflex verschwindet innerhalb des ersten halben Lebensjahres.

Greifreflex
In diesen Zusammenhang gehört auch der Greifreflex, der dem Säugling ebenfalls Anklammerreaktionen ermöglicht. Er wird beispielsweise dadurch ausgelöst, dass man dem Säugling einen Finger mit leichtem Druck in das geöffnete Händchen legt. Das Baby fasst sofort zu und kann dabei erstaunliche Kraft entwickeln. Wenn beide Händchen zugreifen, kann es sich beispielsweise von der Liege- in die Sitzposition hochziehen. Der Greifreflex muss bis zum Ende des ersten Lebensjahres verschwunden sein.

Darüber hinaus zeigen Säuglinge eine Vielzahl von Bewegungsmustern und motorischen Reaktionen. Sie erfolgen teilweise spontan, besonders während des unruhigen Schlafes, teilweise aber auch gezielt, um Informationen aufzunehmen, wie wir im letzten Abschnitt gesehen haben.

Der Säugling ist also ein faszinierendes und komplexes Wesen, das auf eine Vielzahl von Reizen reagiert und dabei zum einen fest programmierte und reflexhafte Reaktionen zeigt, zum anderen – ebenso von Beginn an – eine Vielzahl von eigenständigen Verhaltensweisen an den Tag legt und durch beständiges Lernen festigt, ausbaut und differenziert.

Lautbildung

Das Repertoire

Zu den frühen Verhaltensweisen, die eine hohe soziale Bedeutung haben, zählen die Lautbildungen des Säuglings. Hierzu gehören Brabbeln, Lallen, Quengeln, Weinen und Schreien. Gerade über diese Lautäußerungen kann man gute Hinweise auf das Befinden eines Säuglings erhalten. Brabbeln und Lallen zeigen in der Regel, dass der Säugling sich wohl fühlt, während das Quengeln eine deutlich schlechtere Stimmung signalisiert. Interessant ist, dass Säuglinge in allen Kulturen am Anfang ihrer Entwicklung über das gleiche Repertoire an Lautäußerungen verfügen. Erst im Laufe der Zeit schränkt sich das Lautspektrum auf diejenigen Laute ein, die in der jeweiligen Muttersprache vorkommen. Dadurch kommt es zustande, dass Franzosen als Erwachsene Schwierigkeiten mit der Aussprache des Buchstabens »h« haben und in ähnlicher Weise Chinesen mit der Aussprache des Buchstabens »r«. Diese Anpassung erfolgt deshalb, weil die Kinder in ihrer Umgebung bestimmte Laute niemals hören und auch nicht dabei unterstützt werden, diese Laute zu bilden. Aus dem großen Repertoire, das am Anfang verfügbar ist, schälen sich so im Laufe der Zeit die Laute heraus, die in der eigenen Muttersprache von Bedeutung sind.

»Zwiegespräche«

Die Lautäußerungen von Säuglingen stehen von Anfang an in enger Verbindung zu den Lautäußerungen ihrer Bezugspersonen. So verhalten sich Kleinkinder ruhig, während die Eltern

zu ihnen sprechen. Wenn die Eltern aber schweigen, produzieren die Kinder entsprechend viele positive oder negative Laute, auf die die Eltern wiederum mit unterschiedlichen Verhaltensmustern antworten. Obwohl noch keine verbalen Dialoge geführt werden können, zeigt sich dennoch schon früh eine dialogische Struktur. Die frühen Vokalisationen zwischen Eltern und Kind dienen damit der Vorbereitung späterer sprachlicher Dialoge.

Gefühle

Gefühlsempfindungen

Gefühlsempfindungen sind angeboren. Schon Neugeborene zeigen in ihrem Gesichtsausdruck eine Reihe von Gefühlen. Ärger, Abscheu, Traurigkeit, Überraschung und Freude können in der Mimik von Neugeborenen unterschieden werden. Ob sie bei diesem Gefühlsausdruck auch das erleben, was wir uns unter diesen Emotionen vorstellen, kann man natürlich nicht genau feststellen. Um den dritten Lebensmonat ist es dann schon sicherer, dass das ausgedrückte Gefühl auch das Erleben spiegelt. Beginnend mit diesem Zeitpunkt ist dann das Gefühlsvokabular besonders gut lesbar. Kinder in diesem Alter können sich nicht bewusst verstellen oder den Ausdruck ihres Erlebens unterdrücken, da sie dazu noch keine Fähigkeiten ausgebildet haben. Ihre Gefühlswelt ist für den Erwachsenen meist unmittelbar nachzuvollziehen.

Weinen

Eine wichtige Gefühlsäußerung im Kindesalter ist das Weinen, da es eines der intensivsten Signale darstellt, mit denen ein Säugling seinen Zustand mitteilt. Ein weinendes Baby bewirkt emotionale Zuwendung selbst bei Menschen, die keine persönliche Beziehung zu dem Kind haben. Die Bezugspersonen, in erster Linie die Mutter, reagieren besonders stark mit Zuwendung und Kontaktverhalten und setzen dabei eine Vielzahl von Verhaltensweisen (zum Beispiel Auf-den-Arm-Nehmen, Stillen, Schaukeln und beruhigendes Sprechen) ein, bis der Säugling zu weinen aufhört.

Weinen kann dabei auf verschiedene Problemlagen hinweisen. Dazu gehören Hunger, Durst und Schmerz, aber auch ein Bedürfnis nach Zuwendung oder ein allgemeines Unbehagen, hervorgerufen beispielsweise durch Müdigkeit. Es ist nicht immer einfach zu entscheiden, was der Säugling jeweils mit seinem Weinen zum Ausdruck bringen will. Vielen Eltern gelingt es im Laufe der Zeit, anhand der Art des Weinens zwischen den verschiedenen möglichen Ursachen zu unterscheiden und dem Kind dann gezielt Hilfe zukommen zu lassen. Manchmal (und vor allem am Anfang) kann man allerdings nur nach dem Ausschlussverfahren vorgehen, um herauszufinden, was der Auslöser sein könnte. Wenn der Säugling erst gerade ausgiebig an der Brust gelegen hat, sind Hunger und Durst unwahrscheinlich. Wenn zusätzlich zum Weinen weitere Symptome, wie beispielsweise Muskelverkrampfungen, auftreten, kann das Baby Schmerzen haben (zum Beispiel aufgrund von Koliken). Nach einer längeren Wachphase oder wenn sehr viele neue Erfahrungen zu verarbeiten sind, kommt auch Müdigkeit in Frage. Gerade Müdigkeit als mögliche Ursache wird vielfach übersehen und sollte daher zumindest mitbedacht werden, wobei insbesondere auf vorhergehende Verhaltenssignale wie Gähnen oder Augenreiben zu achten ist. Letztlich gibt es allerdings bei der Interpretation des Weinens keine Sicherheit und auch keine allgemein gültigen Hinweise, sondern ein intuitives Verständnis und die Erfahrungen im Umgang mit einem Kind helfen hier weiter. Es ist wichtig, von Anfang an auf feine Verhaltensunterschiede des Kindes zu achten und ein Gespür dafür zu entwickeln, wann das Kind beispielsweise Hunger hat, und sich darüber klar zu werden, wie es dies zum Ausdruck bringt. Wenn sich das Weinen eines Kindes von dem gewohnten Muster unterscheidet, dann ist dies ein Hinweis darauf, dass hier ein besonderer Zustand vorliegt. Ein gutes Zuhören und die Erfahrung im Umgang mit einem Kind können hier wesentlich dazu beitragen, die Unsicherheit zu reduzieren.

Aus eigenen Forschungsbefunden wissen wir, dass Kinder im Alter von etwa drei Monaten durchschnittlich etwa eine bis 1½ Stunden am Tag weinen, wobei aber sehr große individuelle Unterschiede zwischen Säuglingen bestehen können. Das Weinen verteilt sich in den ersten Lebensmonaten über den ganzen Tag, wobei lediglich um die Mittags- und in den Nachtzeiten etwas weniger geweint wird, weil die Kinder zu diesen Zeiten oft schlafen. Wenn ein Kind weint, dann ist dies zunächst einmal nichts Ungewöhnliches. Man sollte es vielmehr unter dem Gesichtspunkt sehen, dass Säuglinge in ihren Möglichkeiten, ihre Bedürfnisse zu äußern, noch sehr eingeschränkt sind und dass sie damit (auch wenn dies öfters geschieht) etwas mitteilen möchten. Sie erwarten dann von ihrer Umgebung, dass sie Unterstützung und Hilfe bekommen.

Am Anfang ist das Kind sehr auf Hilfe von außen angewiesen, um mit den eigenen Bedürfnissen zurecht zu kommen. Im Laufe der Entwicklung muss sich dies ändern, und das Kind muss lernen, selbst mit den eigenen Bedürfnissen umzugehen. Dazu gehört beispielsweise, nicht immer unmittelbar seine Bedürfnisse befriedigen zu wollen, sondern eine Zeit lang Hunger auszuhalten. Es muss also ein Übergang von der externen Regulation der Bedürfnisse durch andere Personen in die interne Regulation durch das Kind selbst erfolgen. In späteren Altersabschnitten können die Eltern das Kind bei diesem Übergang unterstützen, indem sie ihm beibringen, wie man es schafft, mit negativen Gefühlen umzugehen, ohne immer die gesamte Umgebung (zum Beispiel durch lautes Weinen) einzubeziehen. So können Eltern ihren Kindern beispielsweise vermitteln, dass man unangenehme Zustände überbrücken kann, indem man sich ablenkt, oder auf sozial verträgliche Möglichkeiten hinweisen, Unterstützung von anderen zu bekommen (und nicht nur durch Weinen oder lautstarkes Schreien).

Soziales Lächeln

Ein wichtiger Meilenstein der Entwicklung des Gefühlsausdruckes im Säuglingsalter ist das Auftreten des sozialen Lächelns, das in der Regel durch das menschliche Gesicht ausgelöst wird und signalisiert, dass das Kind sich in der Anwe-

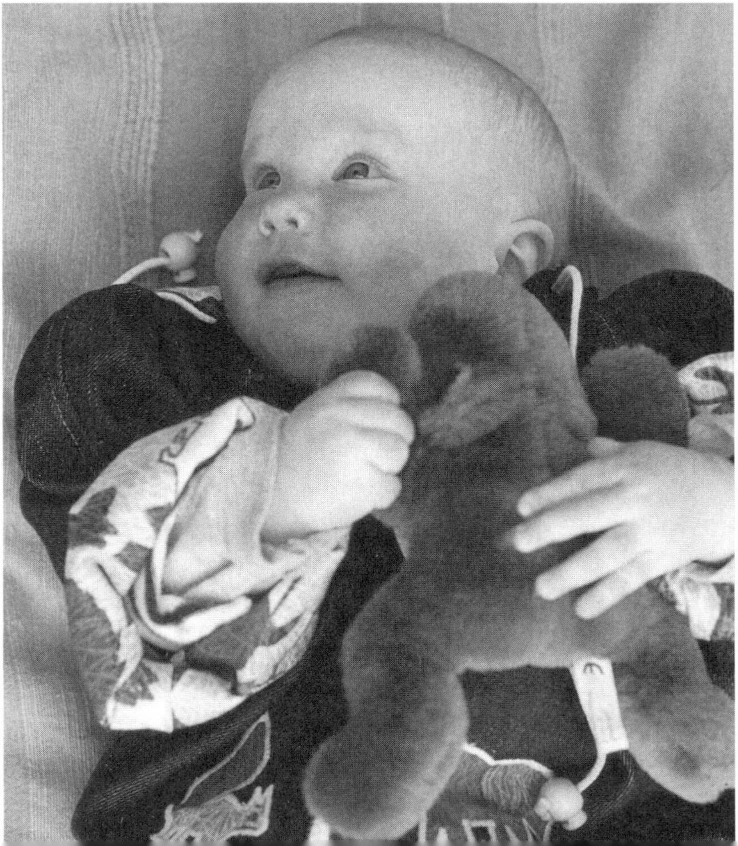

senheit eines anderen Menschen wohl fühlt. Das soziale Lächeln wird mit etwa sechs Wochen erstmals deutlich sichtbar. Auch kleinere Säuglinge lächeln schon, aber das frühe Lächeln ist nicht unbedingt auf eine soziale Situation bezogen und kann auch bei anderen Auslösereizen als Gesichtern oder Personen auftreten. So konnte man beispielsweise zeigen, dass das frühe Lächeln auch durch Punktmuster ausgelöst werden konnte. Das soziale Lächeln gibt dem Erwachsenen erstmals das Gefühl, vom Säugling als Person erkannt zu werden, auch wenn noch nicht zwischen verschiedenen Personen unterschieden wird und auch fremde Personen es schaffen können, eine Lächelreaktion hervorzurufen. Das Wichtige ist, dass der Säugling offenbar die Anwesenheit einer anderen Person als angenehm empfindet und auch zurücklächelt, wenn er von jemandem angelächelt wird. Dies zu erleben ist gerade für die Eltern ein sehr erhebendes Gefühl.

Schlafen und Wachsein

Träumen

Im Säuglingsalter werden verschiedene Stufen des Schlaf- bzw. Wachzustandes unterschieden. Beim Schlafen lassen sich (wie beim Erwachsenen) relativ eindeutig Phasen mit schnellen Augenbewegungen, in denen sich die Augen unter den geschlossenen Lidern deutlich erkennbar hin- und herbewegen, von ruhigen Phasen ohne Augenbewegungen unterscheiden. Die schnellen Augenbewegungen weisen beim Erwachsenen auf Phasen mit erhöhter Traumaktivität hin. Überträgt man

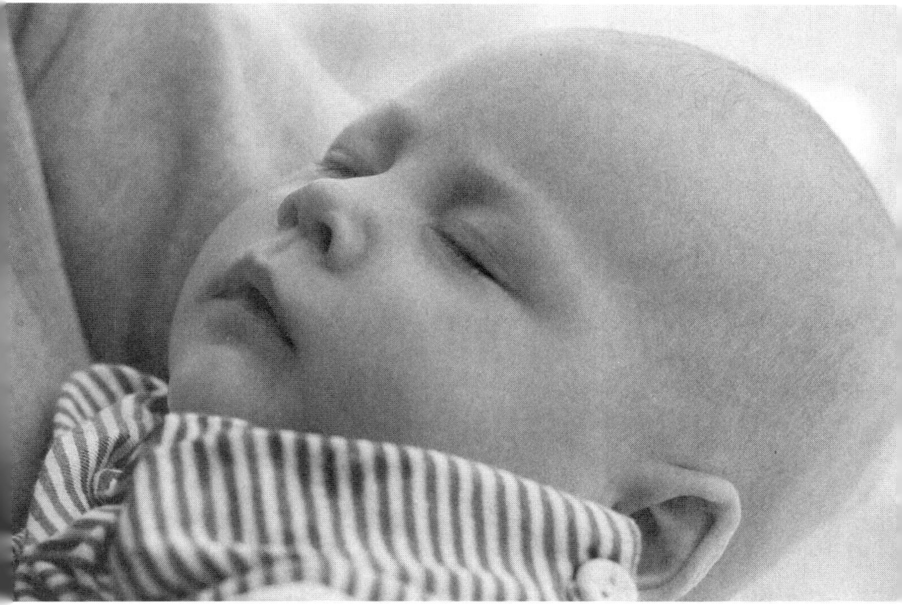

dies auf den Säugling, so ist zu vermuten, dass auch er intensiv träumt. Auffällig ist hierbei, dass der Anteil der Phasen mit schnellen Augenbewegungen beim Säugling wesentlich größer ist als beim Erwachsenen. Da das Auftreten von Träumen immer wieder mit der Verarbeitung von Erlebnissen des Tages in Verbindung gebracht wird, kann man vermuten, dass gerade der Säugling während des Schlafes viel Zeit damit verbringt, die Vielfalt der neuen Eindrücke zu verarbeiten. Auch wenn völlig unklar ist, wie seine Trauminhalte aussehen mögen, erlebt der Säugling einen großen Anteil an Traumphasen, die möglicherweise zusätzlich auch als Ausdruck einer Gehirnreifung zu werten sind.

Wachsein

Hier unterscheidet man drei Zustände:

- ruhiges Wachsein
- unruhiges Wachsein mit erhöhtem Aktivitätsniveau
- Weinen und Schreien

Dabei gelten die Phasen des ruhigen Wachseins als Phasen erhöhter Aufmerksamkeit des Säuglings, in denen er optimal empfänglich ist für Anregungen aus seiner Umgebung. Das Baby ist in diesen Phasen auch sozial besonders gut ansprechbar, was sich in einer erhöhten Bereitschaft äußert, andere Personen anzulächeln oder anzublicken. Die Übergangsphase zwischen Wachsein und Schlafen ist durch einen leichten Dämmerschlaf oder auch durch ein Dösen charakterisiert.

Schlafperioden

Die Schlafperioden können sich über etwa 16 Stunden eines Tages verteilen, während die verschiedenen Wachphasen etwa acht Stunden dauern. Hierbei ist aber zu beachten, dass es deutliche individuelle Unterschiede gibt. Es gibt durchaus Kinder, die sich mit 12 bis 14 Stunden Schlaf begnügen, und ebenso findet man Kinder, die mehr als 18 Stunden Schlaf benötigen. Anders als beim älteren Kind oder beim Erwachsenen verteilen sich die Schlaf- und Wachphasen über den ganzen Tag und pendeln sich typischerweise in den ersten Lebenstagen zunächst auf einen Vier-Stunden-Rhythmus ein. Diese Zeit wird von den Eltern häufig als sehr anstrengend erlebt, da ihr eigener Schlaf-Wach-Rhythmus dadurch ständig unterbrochen wird. Säuglinge wachen in der Regel mindestens einmal, oft auch zwei- und mehrfach während der normalen Schlafzeiten des Erwachsenen auf und erwarten dann in der Regel, gefüttert zu werden.

Im Laufe der Zeit kommt es vor allem darauf an, den Rhythmus des Säuglings mit dem normalen Tag-Nacht-Wechsel zu synchronisieren und ihn dabei allmählich an feste Zeiten für Nahrungsaufnahme und Schlaf heranzuführen. Bleibt die Gestaltung des Tagesablaufs chaotisch und unvorhersehbar, so wird sich dies auch auf das Verhalten des Säuglings übertragen. Ist dagegen eine Rhythmik erkennbar, so wird sich das Kind allmählich daran anpassen. Wichtig ist dabei jedoch, seine eigenen Vorstellungen nicht rücksichtslos und vor allem nicht zu früh durchsetzen zu wollen, sondern das Kind allmählich und mit Rücksicht auf sein eigenes Tempo an einen Rhythmus heranzuführen.

Insgesamt sind die ersten Lebensmonate durch große Anpassungsleistungen des Säuglings an seine neue Umgebung gekennzeichnet. Obwohl die Befriedigung der primären Bedürfnisse zunächst naturgemäß im Vordergrund steht, sind Säuglinge jedoch auch vom ersten Tag an der Umwelt und besonders an den Personen der Umgebung interessiert und verarbeiten eine Vielzahl von Eindrücken. Dabei hilft ihm vor allem die Interaktion mit den Bezugspersonen, die entscheidend dazu beiträgt, ihm die Strukturierung und Ordnungsbildung zu erleichtern. Der Säugling, der in der Forschungsliteratur noch vor wenigen Jahrzehnten in der Regel als passiver und hilfloser Organismus gesehen wurde, zeigt sich damit von Anfang an als ein hochkomplexes Wesen, das aktiv bemüht ist, zu seiner eigenen Entwicklung beizutragen.

Die Verhaltensentwicklung bis zum Ende des zweiten Lebensjahres

Im Folgenden möchten wir für einzelne Bereiche (Wahrnehmung, Bewegung, Lautbildung, Gefühle und Schlaf-Wach-Rhythmus) den weiteren Entwicklungsverlauf in den ersten beiden Lebensjahren nachzeichnen. Nachdem der Schwerpunkt bisher bei den Verhaltensfähigkeiten lag, die bereits mit der Geburt vorliegen, folgen jetzt die Veränderungen, die sich in den Monaten danach ergeben.

Wahrnehmungsentwicklung

Gedächtnis und Wahrnehmung

Allgemein nehmen die Möglichkeiten, die dem Kind zur Einordnung von Wahrnehmungserfahrungen zur Verfügung stehen, im Laufe der Entwicklung beständig zu. Einen wichtigen Meilenstein markiert dabei die Erkenntnis des Kindes, dass Objekte, die es wahrnimmt, auch dann noch weiter existieren, wenn sie aus seinem Gesichtsfeld verschwunden sind. Nach dem Motto »Aus den Augen, aus dem Sinn« existiert für das jüngere Kind ein Gegenstand nicht mehr, wenn es ihn nicht mehr sieht. Dies lässt sich dadurch erklären, dass dem Kind noch die Kategorien fehlen, um einen Gegenstand gedanklich einzuordnen und sich daran zu erinnern. Erst wenn diese Möglichkeit gegeben ist, kann das Kind den Gegenstand in seinem Gedächtnis behalten und auch später wieder abru-

fen. Diese Fähigkeit entwickelt ein Kind mit etwa sechs bis acht Monaten. Erkennen lässt sich dies daran, dass ein Kind nach einem Gegenstand auch dann weitersucht, wenn er beispielsweise mit einem Tuch verdeckt wird. Ein älteres Kind wird dann versuchen, das Tuch zu entfernen und so den Gegenstand zu finden. Es reagiert darüber hinaus mit entsprechender Überraschung, wenn es unter dem Tuch einen anderen Gegenstand als den zuvor versteckten findet (wenn der Erwachsene also die Gegenstände ausgetauscht hat, ohne dass das Kind es bemerkt hat). Ein Kind, das jünger als sechs Monate ist, sucht nicht weiter, wenn der Gegenstand versteckt wurde und ist auch nicht überrascht, wenn ein anderer Gegenstand auftaucht.

Interessanterweise neigen viele Kinder dazu, einen Gegenstand an der Stelle zu suchen, wo er zunächst versteckt wurde. Auch wenn der Gegenstand danach vor den Augen des Kindes an einer anderen Stelle versteckt wird, suchen sie an der ersten Stelle. Dieses vielfach nachgewiesene Phänomen wirkt vollkommen unlogisch und hat zu vielen Erklärungsversuchen geführt. Eine mögliche Erklärung ist, dass die Kinder im Gedächtnis eine Verbindung zwischen dem Gegenstand und dem Ort, an dem er zunächst versteckt wurde, herstellen. Wenn der Gegenstand nun an einem anderen Ort versteckt wird, sucht das Kind dennoch am ersten Ort, weil im Gedächtnis eine Verbindung des Gegenstandes zum ersten Versteck besteht.

Wenn einmal die grundsätzliche Erfahrung gemacht wurde, dass Gegenstände erhalten bleiben, auch wenn man sie nicht mehr sieht, dann hat dies auch Konsequenzen für die Wahrnehmung und Einordnung von Personen. Erst in diesem Stadium wird zum Beispiel die abwesende Mutter vermisst.

Das Vorhandensein von Kategorien ermöglicht es dem Kind zunehmend auch, zwischen Vertrautem und Fremdem zu unterscheiden. Das Kind weiß, mit welchen Personen oder Gegenständen es bereits Erfahrungen hat und mit welchen nicht, und kann so erstmals erkennbar unterschiedlich auf Personen reagieren. Auch wenn sich bereits vorher Verhaltensgewohnheiten im Umgang mit bestimmten Personen (wie den Eltern) herausgebildet haben können, werden die Verhaltensunterschiede im Umgang mit bekannten und unbekannten Personen nun deutlicher.

Fremdeln

Besonders auffallend ist in diesem Zusammenhang das Fremdeln von Kindern. Die Angst vor Fremden tritt bei den meisten Kindern mit etwa sechs bis acht Monaten erstmals auf, erreicht mit etwa zehn bis zwölf Monaten ihren Höhepunkt und sinkt dann langsam wieder ab. Besonders ausgeprägt ist dabei die Angst vor Personen, die in ihrem Erscheinungsbild deutlich von dem der vertrauten Bezugspersonen abweichen und dadurch eine besonders starke Diskrepanz zu dem Vertrauten aufweisen. Fast immer ist das Fremdeln deutlich stärker bei fremden Erwachsenen als bei Kindern. Es äußert sich in mehr oder minder ausgeprägten Vermeidungsreaktionen bis hin zum Weinen und ist typischerweise mit einem Rückzug zu den Bezugspersonen (meist den Eltern) verbunden, die dem Kind Sicherheit vermitteln.

Die Unterscheidung zwischen Fremdem und Vertrautem sowie die Erkenntnis, dass Gegenstände existent bleiben, auch wenn man sie nicht mehr unmittelbar wahrnimmt, haben auch Konsequenzen für die Beziehung des Kindes zu seinen Bezugspersonen. Beide Entwicklungsfortschritte sind notwendig, um eine stabile Bindung an eine bestimmte Person aufzubauen und zu festigen, und bilden auch dadurch wichtige Meilensteine für die weitere Entwicklung des Kindes.

Lern- und Denkentwicklung

Frühe Fähigkeiten

Die frühen Lern- und Denkfähigkeiten bieten eine entscheidende Grundlage für das schnell anwachsende Weltwissen im Kindesalter. So haben schon Säuglinge ein intuitives Verständnis einer Reihe physikalischer Prinzipien. Hierzu gehört insbesondere das Verständnis der Eigenschaften von Gegenständen. Damit ist beispielsweise gemeint, dass ein solider Gegenstand einen anderen soliden Gegenstand nicht durchdringen kann, dass Bewegungen von Gegenständen kontinuierlich erfolgen und dass Gegenstände nicht unvermittelt verschwinden und an anderer Stelle wieder erscheinen. Die Kenntnis dieser Prinzipien wurde durch mehrere Studien nachgewiesen. In einer Studie wurde beispielsweise fünf Monate alten Säuglingen ein rotierender Schirm gezeigt, der kontinuierlich in einem Winkel von 180 Grad hin- und herschwingen konnte. An dieses Ereignis wurden die Kinder gewöhnt, bis sie das Interesse daran verloren. Danach wurde entweder ein mögliches oder ein unmögliches Ereignis gezeigt. Bei dem möglichen Ereignis wurde ein Gegenstand in den Schwingbereich des Schirmes gestellt und der Schirm hielt an, wenn er den Gegenstand erreichte. Bei dem unmöglichen Ereignis setzte der Schirm dagegen seine Bewegung fort, offenbar ohne durch den Gegenstand aufgehalten zu werden. Als Ergebnis zeigte sich, dass die Säuglinge das unmögliche Ereignis länger betrachteten als das mögliche Ereignis, was darauf hinweist, dass sie die Verletzung physikalischer Gesetzmäßigkeiten bei dem unmöglichen Ereignis erkannten.

Kategorisierung

Die Wissensbestände, die im Laufe der Entwicklung entstehen, können nicht allein durch Informationsaufnahme und Informationsverknüpfung entstehen. Eine wesentliche Bedeutung kommt Kategorisierungsprozessen zu, die Ordnung in die Vielfalt der eintreffenden Informationen bringen. Ohne die Fähigkeit, Informationen zu kategorisieren, wäre jede Information einzigartig, und es müsste jedes Mal neu entschieden werden, wie darauf zu reagieren ist. Kategorisierungen erleichtern also das Verständnis der Umgebung. Vor diesem Hintergrund ist zu erwarten, dass erste Kategorisierungsleistungen bereits früh im Leben eines Kindes nachweisbar sind.

In der Tat fanden sich in Studien Hinweise auf frühe Kategorisierungsleistungen von Kindern. In einer Studie beispielsweise wurden drei und vier Monate alten Säuglingen Fotografien von Tierpaaren gezeigt, die jeweils einer bestimmten Tierart zugehörten (zum Beispiel über mehrere Durchgänge hinweg Fotografien von zwei Katzen). Bei jeder Präsentation wurden zwei neue Katzen gezeigt. Nachdem die Säuglinge daran gewöhnt waren, wurde ihnen ein Bildpaar gezeigt, das neben einem Katzenfoto ein Hundefoto zeigte. Interessanterweise wurde nun die neue Tierart länger betrachtet als die bereits bekannte. Die Kinder hatten also offenbar eine Kategorie für Katzen gebildet und unterschieden diese Kategorie von Hunden. Wie eine weitere Studie zeigte, gehen die frühkindlichen Kategorisierungsleistungen noch weiter: Kinder können nicht nur Kategorien für eine Tierart bilden, sondern auch mehrere Tierarten zu einer Kategorie zusammenfassen. In dieser Studie erkannten sechs Monate alte Kinder die gemeinsamen Merkmale von Säugetieren und differenzierten sie von anderen Tierarten.

Sprachentwicklung

Die Kategorisierungsfähigkeiten und die dadurch gebildeten Kategorien sind gleichzeitig eine wichtige Grundlage für die Sprachentwicklung. Die vielfach zunächst vorsprachlich gebildeten Kategorien werden später mit sprachlichen Begriffen belegt. Als Folge ergibt sich ein effektiverer Umgang mit Kategorien und deren Merkmalen. Das Denken wird zunehmend mehr an Sprache geknüpft.

Bewegungsentwicklung

Koordinierung der Fähigkeiten

Ein wichtiger Schritt für die Bewegungsentwicklung besteht in der zunehmenden Fähigkeit des Kindes, Wahrnehmung und Bewegung zu koordinieren. Während die Greifbewegung im Säuglingsalter reflexhaft erfolgt, gelingt es dem einjährigen Kind schon, seine Bewegungen an den jeweiligen Gegenstand anzupassen und gezielt zuzugreifen. Dabei kann es mit seinen Augen kontrollieren, ob Richtung und Intensität der Greifbewegung stimmen. Wahrnehmung und Bewegung werden im weiteren Entwicklungsverlauf immer stärker aufeinander bezogen und miteinander koordiniert.

Laufenlernen

Ein weiterer wichtiger Meilenstein bei der Bewegungsentwicklung ist das Laufenlernen. Innerhalb von 12 bis 15 Monaten von der Geburt an schaffen es die meisten Kinder, alleine die ersten Schritte zu gehen, wodurch sich ihr Aktionsradius erheblich erweitert und damit auch die Möglichkeit, ihre Umgebung zu erkunden. Auch für die geistige Entwicklung des Kindes bedeuten diese neuen Erfahrungen einen deutlichen Entwicklungsschub. Betrachtet man die Entwicklung des Laufenlernens, so lässt sich typischerweise die folgende Abfolge erkennen:

1. Liegen (mit 1 bis 2 Monaten)
2. Kopf anheben (mit 2 bis 3 Monaten)
3. Sitzen mit Hilfe (mit 4 bis 6 Monaten)

4. Stehen mit Hilfe sowie Kriechen bzw. Krabbeln (mit 7 bis 11 Monaten)
5. Stehen mit Festhalten sowie Kriechen über Hindernisse (mit 12 bis 13 Monaten)
6. Stehen und erste Schritte (mit 13 bis 15 Monaten)

Nach dem Laufenlernen folgen in raschem Abstand weitere Bewegungsfortschritte: Mit 18 Monaten können die meisten Kinder bereits Treppen steigen und mit 2 Jahren sich bücken,

ohne dabei das Gleichgewicht zu verlieren. Das Laufen wird dabei immer sicherer, da sich vor allem das Gleichgewichtsgefühl verbessert. Während die Kinder am Anfang häufig fallen, weil sie bei jeder Unregelmäßigkeit aus dem Gleichgewicht geraten, verbessert sich ihre Koordination in der Folgezeit erheblich. Auch hier trägt die bessere Verbindung zwischen dem, was die Kinder visuell wahrnehmen, und ihren Bewegungsabläufen entscheidend dazu bei, dass die Bewegungsabläufe sicherer werden, Hindernisse und Unebenheiten rechtzeitig erkannt und die Bewegungen darauf abgestimmt werden.

Entwicklungsunterschiede

Grundsätzlich ist an dieser Stelle zu allen Altersangaben in diesem Buch zu sagen, dass sie nur Anhaltspunkte darstellen und dass eine enorme Variabilität zwischen verschiedenen Kindern besteht. Es gibt beispielsweise Kinder, die bereits vor Ende des ersten Lebensjahres laufen können, ebenso wie Kinder, die länger als 15 Monate brauchen. Dies gibt nur selten Anlass zur Besorgnis, da diese Entwicklungsunterschiede später in der Regel in kurzer Zeit wieder ausgeglichen werden. Nur bei sehr starken Abweichungen sollte man sich um eine Abklärung möglicher Ursachen bemühen. Eltern sollten allerdings grundsätzlich nur in Maßen dazu beitragen, die Entwicklung ihrer Kinder zu beschleunigen. Viele der Entwicklungsvorgänge in den ersten Lebensmonaten (vor allem wenn sie sich auf körperliche Vorgänge beziehen) sind vorrangig reifungsbedingt. Um den Kopf eigenständig anheben zu können, müssen beispielsweise die Muskeln so ausgebildet sein, dass die notwendige Kraft aufgebracht werden kann. Allzu viel »Nachhilfe« seitens der Eltern kann dabei oft eher schaden als nützen. Ein ruhiges und gelassenes Abwarten mit Unterstützungen, die an den Entwicklungsfortschritt des Kindes angepasst sind, ist hier angemessen und vollkommen ausreichend.

Von der Lautbildung zur Sprache

Ein-Wort-Sätze

Aus den Lautäußerungen des Kindes kristallisieren sich gegen Ende des ersten Lebensjahres erste Worte heraus. Meistens benutzen die Kinder als Erstes das Wort »Mama« oder »Papa«, was von den Eltern freudig registriert wird. Dabei unterstützen die Eltern das Kind häufig, indem sie Worte vorsprechen und korrigieren, wenn das Kind die korrekte Aussprache noch nicht richtig trifft. Im Laufe der Zeit wird die Aussprache immer deutlicher und verständlicher, wobei auch das Lob und die erkennbar freudigen Reaktionen der Eltern das Kind zusätzlich bestärken. Die wenigen Worte, die das Kind in dieser Entwicklungsphase beherrscht, verwendet es in einer Vielzahl von Funktionen, so dass von einem Erwachsenen oft nur mit Mühe und nur aus dem Kontext heraus verständlich ist, was das Kind meinen könnte. Wenn das Kind »Mama« sagt, so kann dies beispielsweise bedeuten, dass die Mama kommen soll, dass es der Mama etwas geben will, dass es hungrig ist oder dass es einen Gegenstand von der Mama haben will. Hier handelt es sich um Ein-Wort-Sätze, bei de-

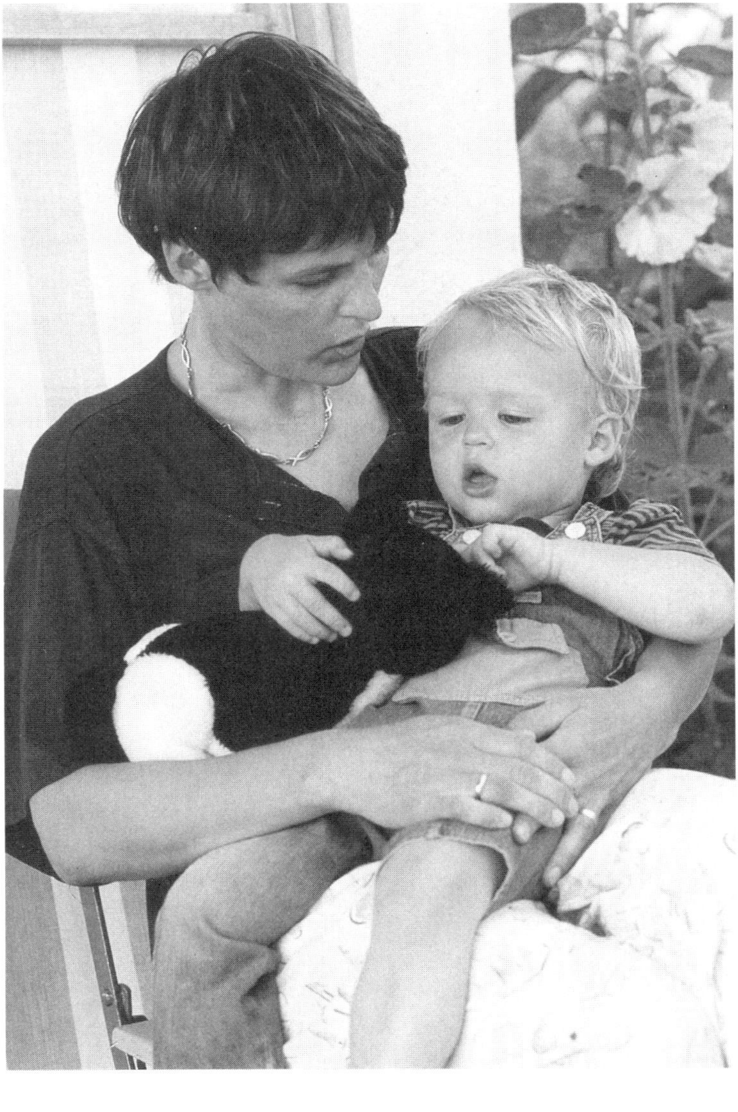

nen mit einem einzigen Wort soviel ausgedrückt wird, wie bei Erwachsenen in einem ganzen Satz. In diesem Entwicklungsabschnitt fällt auch auf, dass viele Worte zunächst in ihrer Bedeutung übermäßig ausgedehnt werden. So benutzen Kinder häufig das Wort »Wauwau« nicht nur für einen Hund, sondern möglicherweise für alle vierbeinigen Wesen. Erst im Laufe der Zeit lernen Kinder, den Bedeutungsgehalt eines Wortes auf den Erwachsenengebrauch einzuschränken. Die unmittelbaren Bezugspersonen lernen aus dem alltäglichen Umgang mit dem Kind allmählich die Bedeutungen kennen und können daher häufig auch Aussagen verstehen, die einem fremden Erwachsenen unverständlich bleiben.

Zwei-Wort-Sätze

Aus dem Aneinanderreihen von Ein-Wort-Sätzen werden im Laufe der Zeit die Zwei-Wort-Sätze. Hier wird die Intention für den Erwachsenen häufig klarer, obwohl noch immer viel Interpretationsspielraum bleibt und vielfach noch immer die Kenntnis des Kontextes zum Verständnis notwendig ist. Mit einem Satz wie »Mama Milch« dürfte in der Regel gemeint sein, dass das Kind hungrig ist und seine Milch haben möchte. Bei »Papa Auto« ist dagegen schon weniger klar, was gemeint ist. Je nach Kontext könnte dies beispielsweise bedeuten, dass das Kind mit einem Auto spielen will, dass es möchte, dass sich der Papa an seinem Spiel mit Autos beteiligt oder dass es festgestellt hat, dass ein Auto kaputt ist und dies dem Papa mitteilen möchte, damit er es repariert. Zwei- und nachfolgend Drei-Wort-Sätze sind ab einem Alter von etwa 18 Monaten verstärkt zu beobachten. Gerade im Bereich der

Sprachentwicklung ist nochmals auf die sehr deutlichen Unterschiede zwischen Gleichaltrigen hinzuweisen, die aber auch hier selten Besorgnis erregend sind. Fast immer werden scheinbare Defizite später in kurzer Zeit aufgeholt.

Alle Kinder lassen bei ihren ersten Wortkombinationen systematisch bestimmte Satzelemente aus. Vorwiegend sind dies Artikel, Hilfsverben oder Funktionswörter (wie Präpositionen). Da man beim Abfassen eines Telegramms vergleichbar vorgeht, nennt man diese Sprachform telegraphische Sprache. Der Unterschied zum Telegrammstil ist jedoch, dass viele Kinderäußerungen, ohne die Situation zu kennen, aus der sie stammen, nicht zu verstehen sind. Das Kind sieht nur die eigene Perspektive und berücksichtigt nicht, welche Informationen der Zuhörer braucht, um das Gemeinte zu verstehen. Im Unterschied dazu würde ein Erwachsener ein Telegramm so verfassen, dass alle wichtigen Informationen enthalten sind, um den Sinn zu verstehen.

In allen Phasen der Sprachentwicklung erhalten die Kinder Unterstützung durch ihre Bezugspersonen, indem Sprachäußerungen aufgegriffen, korrigiert und erweitert werden. Man geht dabei davon aus, dass die Eltern über eine intuitive Didaktik verfügen, die ihnen sagt, wie sie am besten so auf das Kind eingehen, dass seine Sprachentwicklung gefördert wird. Während die Eltern am Anfang der Sprachentwicklung ihren Kindern häufig einzelne Silben wie »na-na-na« oder »du-du-du« vorsprechen, sind es später einzelne Wörter wie »Mama« oder »Papa«. In der Phase der Zwei-Wort-Sätze werden die Sprachäußerungen des Kindes häufig von den Eltern in korrigierender Weise wiederholt und erweitert. Aus »Mama

Milch« wird dabei beispielsweise »Du möchtest also deine Milch«. Der Erwachsene benutzt dabei einfache Sätze, um das Kind langsam an einen komplexeren Sprachgebrauch heranzuführen.

Die Sprachentwicklung des Kindes und die Sprachdidaktik der erziehenden Erwachsenen sind in der Regel ohne bewusste Steuerung so aufeinander abgestimmt, dass dem Kind optimale Entwicklungsbedingungen geboten werden.

Gefühlsentwicklung

Differenzierung

Am Anfang ihrer Entwicklung können Kinder nur wenige Gefühlszustände unterscheiden, wobei zunächst vor allem die Differenzierung zwischen »Lust«- und »Unlust«-Gefühlen im Vordergrund steht. Wie die Äste eines Baumes verzweigen sich diese angenehmen und unangenehmen Gefühle im Laufe der Entwicklung weiter. Aus den angenehmen Gefühlen werden gehobene Stimmungslagen, Freude, Zuneigung und Gefühle von Liebe, während aus den unangenehmen Gefühlen Angst, Eifersucht, Ekel und Ärger abgeleitet sind. Spätestens mit 18 bis 24 Monaten erleben Kinder die meisten dieser Gefühle.

Das Gefühlserleben der Kinder lässt sich anfangs in der Regel noch unmittelbar an ihrer Mimik und Gestik ablesen, da sie sich nicht verstellen können. Erst nach dem zweiten Lebensjahr wird dies anders. Die Kinder lernen dann allmählich, die Regeln ihrer Kultur zu beherrschen, Gefühlsausdrü-

cke in ungeeigneten Situationen zu unterdrücken oder das zu zeigen, was man von ihnen erwartet.

»Nein«

Kinder lernen im Verlauf der ersten Lebensjahre nicht nur die Differenzierung zwischen verschiedenen Gefühlszuständen, sondern auch, ihren Gefühlen Ausdruck und Nachdruck zu verleihen. Ein wichtiger Entwicklungsmeilenstein ist dabei das Auftreten des »Nein« mit etwa eineinhalb Jahren. Früher sprach man hier auch häufig vom Trotzalter und der ersten Trotzphase. Der Ausdruck »Nein« symbolisiert den Prozess der Abgrenzung des Ich von den anderen. Das Kind erkennt allmählich seine Eigenständigkeit als Person mit eigenen Bedürfnissen, Wünschen und Gefühlen.

Erkennen der Gefühle anderer

Auch das Erkennen des Gefühlsausdrucks anderer hat einen charakteristischen Entwicklungsverlauf. Am Anfang können die meisten Säuglinge Gesichtsausdrücke noch nicht unterscheiden. Sie erkennen aber die Mutter an der Stimme. Im Laufe der ersten vier Monate sind sie dann schon in der Lage, in den Gesichtern ihrer Bezugspersonen Freude und Ärger zu unterscheiden. In der zweiten Hälfte des ersten Lebensjahres reagieren Säuglinge spiegelbildlich auf Gefühlsausdrücke, indem sie vielfach die Gefühle imitieren, die sie bei ihren Bezugspersonen wahrnehmen. Weint beispielsweise die Mutter, so lässt sich nicht selten beobachten, dass auch das Kind anfängt zu weinen. Gegen Ende des ersten Lebensjahres beginnen Kinder dann, erste Anzeichen von Mitgefühl zu entwickeln und den Emotionsausdruck anderer zu verstehen.

Entwicklung des Schlaf-Wach-Rhythmus

Durchschlafen

Die erste Nacht, in der das Kind durchschläft, wird von vielen Eltern sehnsüchtig erwartet und mit großer Freude registriert, da dies die allmähliche Rückkehr in das normale Alltagsleben ankündigt. Viele Eltern sind zunächst besorgt, wenn sie am Morgen aufwachen und feststellen, dass das Kind sich in der Nacht nicht gemeldet hat. Erst beim Blick in das Bettchen kommen dann Erleichterung und Freude auf. Allerdings bedeutet ein einmaliges Durchschlafen noch nicht immer, dass dies nun regelmäßig geschieht. Es gibt viele Er-

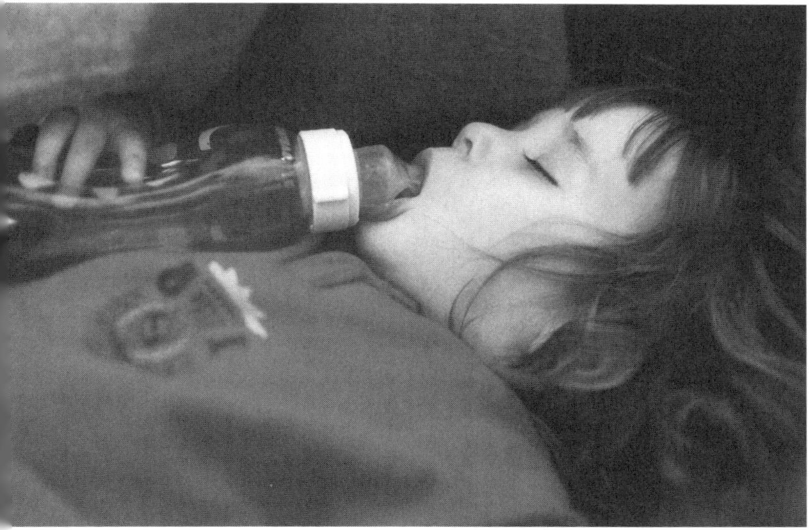

eignisse, die den Schlafrhythmus erneut stören und wieder aus dem Gleichgewicht bringen können. Hierzu gehören insbesondere Erkrankungen, die die Schlafregulation für das Kind erneut erschweren und zu einem leichteren Erwachen führen können. Außerdem sind viele Entwicklungsübergänge durch instabile Phasen gekennzeichnet, in der mal das eine, mal das andere Muster überwiegt.

Schlafrhythmus

Zur Entwicklung eines festen Schlaf-Rhythmus ist es insbesondere notwendig, das Einschlafen allmählich dem Kind zu überlassen und diesen Prozess nicht regelmäßig von außen zu steuern. Ein Kind, das gelernt hat, allein einzuschlafen, wird auch leichter durchschlafen, da es nicht auf Einschlafhilfen des Erwachsenen angewiesen ist, um wieder einzuschlafen, wenn es während der Nacht kurz einmal wach geworden ist. Um das Einschlafen zu erleichtern, können dem Kind Selbstberuhigungsstrategien helfen, die seitens des Erwachsenen unterstützt und nicht unterbunden werden sollten (zum Beispiel wenn Kinder zur Selbstberuhigung die Händchen beim Einschlafen in den Mund nehmen). Um die Rhythmusbildung zu erleichtern, ist es ratsam, in den ersten Lebensmonaten bei nächtlichem Aufwachen das Licht aus bzw. zumindest gedimmt zu lassen, da dem Kind dadurch signalisiert wird, dass der Tag noch nicht begonnen hat und es weiterschlafen soll.

Einschlafrituale

Um einen festen Schlaf-Rhythmus aufzubauen, kann es sinnvoll sein, Einschlafrituale einzuführen, die dem Kind den Beginn der Schlaf- und Nachtzeit symbolisieren. Hierzu können bestimmte Tätigkeiten (wie Windeln wechseln, anziehen der Schlafkleidung, Milch trinken, waschen, später auch Zähne putzen etc.) gehören, aber auch (bei älteren Kindern) die Gute-Nacht-Geschichte. Dieses feste Ritual, das sich allabendlich wiederholt, kann dem Kind den Übergang in den Schlaf erleichtern.

Nachdem wir auf den vorhergehenden Seiten die wichtigsten Entwicklungsfortschritte des Kindes in den ersten beiden Lebensjahren beleuchtet haben, möchten wir uns nun speziell und ausführlicher der sich entwickelnden Beziehung zwischen Eltern und Kind widmen.

Die Beziehung zwischen Eltern und Neugeborenem in den ersten Lebensmonaten

Der junge Säugling ist in der ersten Zeit seines Lebens extrem unselbständig und auf die Hilfe seiner sozialen Umgebung angewiesen. In der Regel sind es seine Eltern, die sich um ihn kümmern und ohne deren Hilfe er nicht lebensfähig wäre. Wenn die Natur im Laufe der Evolution eine derart hohe Unterstützungsbedürftigkeit hervorgebracht hat, dann sollte sie (so ist zu vermuten) auch dafür Sorge getragen haben, dass die Eltern sich diesen Bedürfnissen entsprechend verhalten.

Signale des Kindes

Kindchen-Schema

Lange schon bekannt ist das so genannte Kindchen-Schema. Durch die großen Augen, die Stupsnase und vor allem das schon früh auftretende erste Lächeln ist das Kind für die Eltern extrem attraktiv. Dies trägt dazu bei, dass die Eltern von Beginn an bemüht sind, für das Kind zu sorgen.

Weinen, Lachen, Blickkontakt

Es gibt eine Vielzahl von Signalen, die ein Säugling benutzt, um auf sich aufmerksam zu machen. Neben dem Kindchen-Schema gehören hierzu viele Verhaltensweisen, die die Bindung der Eltern an ihr Kind verstärken. Dazu zählt insbesondere das Weinen, mit dem der Säugling auf seine Bedürfnisse hinweist. Wichtig ist weiterhin das Lächeln des Kindes, das für die Eltern sehr bestärkend wirkt und sie in ihrer Sorgebereitschaft unterstützt. Ebenfalls von Bedeutung ist der Blickkontakt zwischen Eltern und Kind, der den Eltern zeigt, dass sie offenbar von ihrem Kind registriert werden. Eltern sind häufig ihrerseits bemüht, Blickkontakt aktiv herzustellen, und benutzen dazu vielfach den Augengruß, der durch Heben des Kopfes und Hochziehen der Augenbrauen gekennzeichnet ist. Neben der Häufigkeit des Einsatzes fällt dabei auch die übertrieben langsame Ausführung auf, die dem Säugling das Erkennen erleichtern soll. Abgeschlossen wird der Augengruß in der Regel mit einem Lächeln, das wahrscheinlich ebenfalls übertrieben erscheinen würde, wenn es nicht einem Kind gelten würde. Wenn der Blickkontakt dann hergestellt

ist, sind gute Voraussetzungen für positive Lautäußerungen des Kindes geschaffen. Besteht jedoch kein Blickkontakt, treten negative Vokalisationen wesentlich häufiger auf. Der Blickkontakt unterstützt also den Aufbau positiver Interaktionen zwischen Eltern und Kind.

Angemessenes Elternverhalten

Nähe zum Kind

Es scheint so zu sein, dass die Gegenwart des Kindes bestimmte Verhaltensmuster wachruft, die für seine Entwicklung besonders günstig sind. Es ist zu vermuten, dass diese Verhaltensmuster im Laufe der Evolution entstanden sind, um das Überleben des Säuglings zu sichern. Zu diesen Mustern, die man immer wieder beobachten kann, gehört beispielsweise, dass Eltern im Umgang mit ihrem Kind meist einen relativ geringen räumlichen Abstand einhalten. Da der Säugling seine Augenlinsen noch nicht gezielt zusammenziehen kann, ist für ihn ein Abstand zwischen etwa 20 und 30 Zentimetern optimal. Tatsächlich lässt sich häufig beobachten, dass Erwachsene sich über einen Kinderwagen beugen, um so ihr Gesicht in die unmittelbare Nähe des Säuglings zu bringen. Interessant ist dabei, dass dieses Verhalten auch von Eltern gezeigt wird, die (fälschlicherweise) meinen, dass ihr Kind in den ersten Lebenstagen noch gar nichts sehen könnte. Es scheint sich also um ein Verhalten zu handeln, das intuitiv, ohne bewusstes Nachdenken entsteht. Da es noch dazu in vielen Kulturen nachgewiesen werden konnte, handelt es sich hier mit hoher Wahrscheinlichkeit um ein evolutionär angelegtes Elternverhalten, das dazu beiträgt, dem Kind optimale Entwicklungsbedingungen zu garantieren.

Sprachveränderung

Zu diesem evolutionär angelegten Elternverhaltensprogramm gehört weiterhin, dass Eltern (und auch andere Erwachsene) in Gegenwart eines Kindes typischerweise ihre Sprache verändern. Die Stimme wird höher, und die Sprache verkürzt sich auf einzelne Wörter oder Silben, die in der Regel wiederholt an das Kind gerichtet werden (»dududu«, »baba« etc.). Auch das veränderte Sprachverhalten lässt sich kulturunabhängig zeigen und dient vor allem dem Zweck, dem Kind erste Lernerfahrungen zu erleichtern.

Unmittelbare Reaktionen

Lernerfahrungen werden dem Kind auch dadurch ermöglicht, dass die Eltern meist in einem sehr kurzen zeitlichen Abstand auf ihr Kind reagieren. Wenn man sich vor Augen führt, dass das Kind seine Umgebung noch kaum einordnen kann, da ihm sämtliche Begrifflichkeiten und Kategorien dazu fehlen, dann kann man sich leicht vorstellen, dass die Gedächtnisspanne des Säuglings noch recht kurz sein muss. Alles, was der Säugling nicht mehr unmittelbar wahrnimmt, ist in kürzester Zeit wieder vergessen. Wenn der Säugling also einen Zusammenhang zwischen dem eigenen Handeln und dem Handeln der Eltern erkennen soll, dann muss die Reaktion der Eltern unmittelbar auf das Verhalten des Kindes folgen. Lächelt der Säugling, so müsste die Mutter idealerweise sofort zurücklächeln, damit er erkennen kann, dass ein Bezug zwischen beiden Verhaltensweisen besteht. Nur so kann dem Kind die Erfahrung vermittelt werden, dass es durch sein Verhalten etwas bewirkt und dass demnach die Ereignisse in seiner Umgebung nicht zusammenhangslos sind. Beobachtet man das Verhalten der Eltern, so zeigt sich, dass sie in der Tat normalerweise unmittelbar auf die Signale des Säuglings reagieren.

Vertrauensentwicklung

Wenn der Säugling die Erfahrung macht, dass auf seine Signale (sein Lächeln, sein Weinen und seine Bedürfnisse) konsequent und vorhersagbar eingegangen wird, kann er früh Vertrauen in seine Umgebung entwickeln. Er weiß, dass jemand für ihn da ist, wenn er Unterstützung benötigt. Dies bedeutet gleichzeitig, dass es nicht sinnvoll ist (wie gelegentlich noch immer zu hören ist), einen Säugling ruhig schreien zu lassen, um ihm die Erfahrung zu vermitteln, dass er durch sein Schreien nichts bewirken kann und um damit der Entwicklung zu einem »Schreikind« entgegenzuwirken. Es hat sich vielmehr gezeigt, dass die konsequente Beachtung der Signale des Säuglings (auch des Schreiens) nicht zu mehr Schreien führt. Vielmehr verringert es sich langfristig sogar, da der Säugling lernt, dass in der Regel schon bald Hilfe naht und dass es nicht darauf ankommt, möglichst lange und ausgiebig zu schreien.

Da viele der Verhaltensweisen, die Eltern im Umgang mit einem jungen Säugling zeigen, evolutionär entstanden sind, um seine Unterstützung und sein Überleben zu sichern, treten sie spontan und ohne bewusstes Nachdenken auf. Vor diesem Hintergrund kommt es für Eltern im Wesentlichen darauf an, sich auf die eigenen Intuitionen zu verlassen. Ständig über sein Verhalten nachzudenken oder durch die Ratschläge anderer verunsichert zu werden behindert ein spontanes, durch die eigenen Intuitionen geleitetes Verhalten eher. So wie es schwieriger wird, mit dem Fahrrad zu fahren, wenn man dabei über die einzelnen Bewegungsabläufe nachdenkt, so wird auch der spontane Umgang mit dem Säugling erschwert,

wenn man allzu intensiv über sein Verhalten nachdenkt. Dies gilt vor allem für den unmittelbaren Kontakt mit dem Säugling. Es bedeutet jedoch nicht, dass man nicht von Zeit zu Zeit überlegen muss, ob das eine oder andere im Umgang mit dem Kind verbesserungswürdig ist.

Ein intuitives Verhalten im Umgang mit dem Kind kann vor allem in den ersten Lebensmonaten im Vordergrund stehen, während in der Folgezeit – schon durch die Entwicklungsfortschritte des Kindes – geplantes und gelenktes Verhalten im Umgang mit dem Kind an Bedeutung gewinnt. Da auch das Kind seine Fähigkeit entwickelt, Verhalten zu kontrollieren, wird sich der Erwachsene allmählich in seinem Interaktions- und Erziehungsverhalten daran anpassen müssen.

Die Eltern-Kind-Beziehung bis zum zweiten Lebensjahr

Die Kinder können jetzt stehen und gehen und sprechen die ersten Worte. Sie entwickeln ein erstes Konzept von sich selbst. Aus diesen Leistungen ergeben sich die dramatischen Veränderungen der nächsten Monate. Die Kinder können nun innere Bilder formen, die ein neues Verhältnis zur Gegenwart erlauben. So muss die Mutter nicht immer anwesend sein, damit das Kind sie als Quelle der Sicherheit wahrnimmt. Das bedeutet auch, dass das Gedächtnis jetzt in vielfältiger Hinsicht eingesetzt werden kann: Die Kinder erinnern sich zum Beispiel, dass die Mutter ihnen gestern Abend am Bett vorgelesen hat, und möchten, dass sie das auch heute Abend tut.

Entwicklung der Bindung

Frühe positive Erfahrungen sind wichtig

Die frühe Erfahrung des Säuglings, dass seine Signale beachtet werden, dass die Eltern sie richtig interpretieren und dass sie unmittelbar und angemessen darauf reagieren, ist gleichzeitig die Voraussetzung für eine gute und sichere Bindung des Kindes an seine Eltern. Während sich die Bindung der Eltern an das Kind bereits sehr früh festigt, entsteht umgekehrt eine stabile Bindung des Kindes an seine Eltern erst im Alter von etwa sechs bis acht Monaten. Die Eltern werden für das

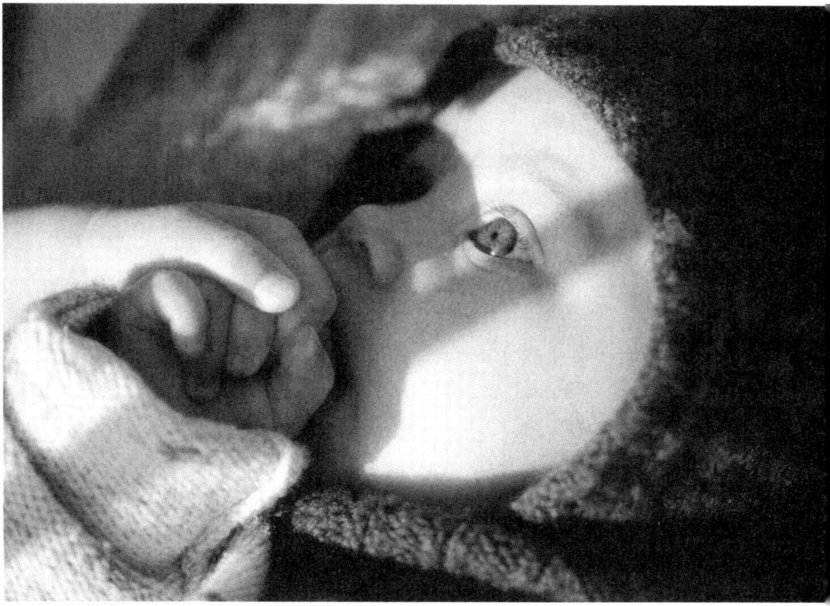

Kind zu einer verlässlichen Basis, die jederzeit Schutz und Unterstützung garantiert. Das Kind beginnt, von dieser Basis aus seine Umgebung zu erkunden, und traut sich allmählich, die räumliche Distanz zu den Eltern bei seinen Erkundungen auszudehnen. Es weiß, dass seine Eltern in der Nähe sind, wenn sie gebraucht werden und wenn es nach ihnen ruft oder zu ihnen zurück will.

Bindung an die betreuende Person

Es soll an dieser Stelle betont werden, dass für die frühen Interaktionserfahrungen eines Kindes keineswegs nur die Mutter ausschlaggebend ist. Da die Mutter in vielen Fällen auch heute noch den überwiegenden Teil der Zeit mit dem Kind verbringt, werden seine Erfahrungen zwar vielfach überwiegend durch die Mutter geprägt. Dennoch hat sich gezeigt, dass es Kinder gibt, die trotz des höheren Zeitanteils eine bessere Bindung an den Vater als an die Mutter haben. Dies ist besonders deshalb von Bedeutung, weil der Vater in diesen Fällen die weniger gute Bindung an die Mutter kompensiert. Hierzu können natürlich auch andere Personen des sozialen Umfeldes beitragen wie beispielsweise die Großeltern, ältere Geschwister oder weitere Betreuungspersonen. Wichtig ist vor allem, dass das Kind irgendwo in seiner sozialen Umgebung eine Person findet, bei der es sich sicher und geborgen fühlt.

Trennung und Übergangsobjekte

Eine Trennung von den Bindungspersonen führt in der Regel zu Protest bis hin zu Verzweiflung und Trauer beim Kind. Erst ältere Kinder (zwischen zwei und vier Jahren) akzeptieren zunehmend auch Ersatzbindungspersonen. Eine besondere Rolle spielen in diesem Zusammenhang auch so genannte Übergangsobjekte wie Teddys, Kuscheltiere oder Puppen, die dem Kind den Übergang in eine fremde Umgebung und den Umgang mit fremden Personen erleichtern, da sie einen Teil der gewohnten Umgebung repräsentieren und es dem Kind ermöglichen, mit ungeliebten oder neuen Situationen besser zurechtzukommen.

Für den Aufbau der Bindung können viele Faktoren eine Rolle spielen. Neben der Zeit, die eine Bezugsperson mit einem Kind verbringt, können die Versorgung des Kindes und

auch die Art und der Umfang, wie mit dem Kind gespielt wird, von Bedeutung sein. Auch positive Gefühle, die dem Kind entgegengebracht werden, können zur Entstehung einer sicheren Bindung beitragen. Aus diesen Punkten ist erkennbar, dass nicht allein die häufige Anwesenheit beim Kind entscheidend ist, sondern die Art und Weise, wie die Beziehung zwischen Kind und Bezugsperson gestaltet wird.

Auswirkungen der Bindung

Erforschung der Umwelt

Eine gute und sichere Bindung und die damit verbundene Bereitschaft zur Erforschung der Umgebung sind eine wichtige Voraussetzung für die Entwicklung der Intelligenz des Kindes. Wenn das Kind sich traut, den Rockzipfel der Mutter zu verlassen und sich seiner Umgebung zuzuwenden, dann sieht und erlebt es mehr. Durch diese zusätzliche Stimulation wird sein Intellekt gefordert, da zunehmend mehr Dinge eingeordnet und verstanden sein wollen. Das Kind verfügt dadurch über eine steigende Wahrnehmungskomplexität, die weiterhin auch seine Gedächtniskapazität erhöht.

Spätere Bindungsfähigkeit

Die frühen Bindungserfahrungen und das Erlebnis der Verlässlichkeit der sozialen Umgebung werden auch mit der späteren Bindungsfähigkeit in Zusammenhang gebracht. Ein Kind mit positiven Bindungserfahrungen wird später leichter soziale Bindungen zu anderen Menschen eingehen können und dadurch auch für seine späteren sozialen Beziehungen profitieren. Das Bild von sozialen Beziehungen, das sich durch die frühen Bindungserfahrungen geprägt hat, bleibt häufig auch im späteren Leben bestehen und wird dann auf neue soziale Beziehungen übertragen. Dadurch haben Erwachsene mit negativen Bindungserfahrungen in ihrer Kindheit nicht nur Schwierigkeiten, angemessene soziale Beziehungen zu erwachsenen Mitmenschen aufzubauen, sondern sie geben ihre Erziehungs- und Bindungserfahrungen häufig auch wieder an die eigenen Kinder weiter. Hier ist es wichtig, rechtzeitig negative Kindheitserlebnisse aufzuarbeiten, um die eigenen Beziehungen befriedigender zu gestalten und um gleichzeitig den Teufelskreis einer Weitergabe an die Folgegeneration zu unterbrechen.

Beziehungen zwischen Kindern in den ersten beiden Lebensjahren

Auch kleine Kinder reagieren mit Interesse und Zuwendung und durchaus auch Fürsorge auf Säuglinge. Jeder liebevolle Kontakt stärkt das Selbstwertgefühl der Säuglinge. Offene Abneigung dagegen zeigen häufig Geschwister des Babys, besonders wenn der Geburtsabstand unter zwei Jahren liegt. Die Fürsorgereaktionen können hier in ihr genaues Gegenteil umschlagen. In jedem Fall ist gerade für die Beantwortung von Signalen eine größere Übersicht notwendig, als kleine Kinder in der Regel haben: Das Spiel mit dem Geschwisterchen ersetzt also nicht die Interaktion mit Mutter und Vater.

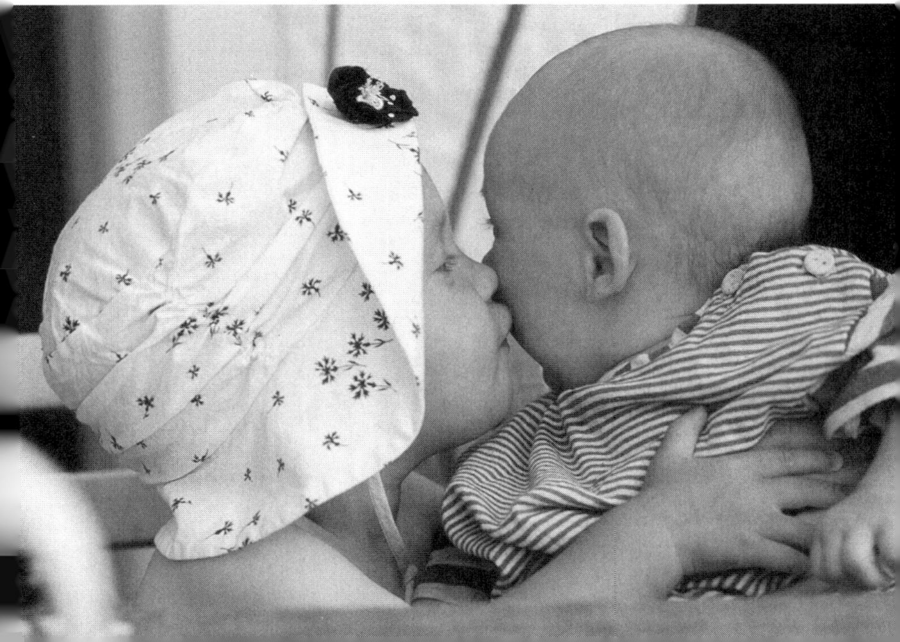

Zwei- bis Dreijährige als Partner des Babys

Im Zusammenhang mit der zumeist politischen Diskussion um eine Tagesbetreuung von Säuglingen war immer wieder zu hören, dass Säuglinge ungemein von den sozialen Erfahrungen im Umgang mit anderen Säuglingen profitieren. Ohne dass wir hier eine Stellungnahme für oder wider die Tagesbetreuung abgeben möchten – dies liegt im alleinigen Entscheidungsbereich der Eltern –, ist doch festzuhalten, dass ein pädagogischer oder gar psychologischer Nutzen solcher frühen Kontakte zwischen Säuglingen nicht unmittelbar festzustellen ist. Säuglinge sind mit kommunikativen Signalen ausgestattet, auf die das soziale Gegenüber eingehen muss, um die Entwicklung günstig zu beeinflussen. Wie wir gezeigt haben, nimmt der Interaktionspartner in der Regel die kindlichen Signale auf und reagiert angemessen darauf, um so für den Säugling die Grundlagen zu schaffen, behutsam auf ein höheres Entwicklungsniveau zuzusteuern. Säuglinge ihrerseits verfügen noch nicht über diese empathischen Möglichkeiten. Das heißt nicht, dass sie nicht schon früh Interesse an anderen Säuglingen haben, sich neugierig mustern und auch versuchen, sich anzufassen. Zwei- bis Dreijährige sind dann bereits von Säuglingen ebenso fasziniert wie Erwachsene. Das Kindchenschema wirkt offenbar auch hier. Bereits Dreijährige äußern auch schon weitere Komponenten des intuitiven Elternverhaltens: Sie verwenden die Babysprache im Umgang mit Säuglingen, sie zeigen Fürsorge und Schutzverhalten, und sie haben das unwiderstehliche Bedürfnis, Säuglinge zu berühren und auf den Arm zu nehmen. Die Stammesgeschichte

hat offensichtlich hier eine Entwicklung begünstigt, die schon Kinder befähigt, Säuglinge angemessen zu versorgen. Und dies ist in der Tat in vielen Gesellschaften und Kulturen auf dieser Welt noch heute der Fall. Ältere Geschwister sind, neben der Mutter, bedeutsame Betreuungspersonen für Säuglinge. Obwohl in unserer Gesellschaft immer weniger Kinder Erfahrungen mit Geschwistern machen, sind die Interessen und Fähigkeiten nicht verloren gegangen.

Kulturelle Unterschiede in der Eltern-Kind-Beziehung

Bisher haben wir uns überwiegend auf die im Laufe der Evolution entstandene Natur des Menschen bezogen und die Gemeinsamkeiten der frühen Entwicklungsvorgänge herausgestellt. In der Tat gibt es aber neben individuellen Unterschieden auch große kulturelle Unterschiede. Auf der Grundlage der angeborenen universellen Grundausstattung von Säuglingen und ihren Bezugspersonen wählt die kulturelle Umwelt bestimmte Strategien aus, die sie verstärkt und wofür sie andere vernachlässigt. Insbesondere zwei Strategien sind in der Literatur gut dokumentiert worden. Die eine Strategie haben wir bisher beschrieben. Eltern möchten, dass ihre Babys früh selbstständig werden, früh durchschlafen, in der Lage sind, Zeit alleine mit Spielzeug zu verbringen. Blickkontakt ist der bevorzugte Verhaltenskanal, und prompte Reaktionen der Bezugspersonen auf das kindliche Lächeln, Lautäußerungen und Schauen vermitteln dem Baby schon sehr früh, ein eigenständiges und selbstständiges Wesen zu sein. Die selbstständige Erkundung der Umwelt und ein Schwerpunkt auf sprachlicher Kommunikation hilft dem kleinen Kind dabei, ein Selbstkonzept zu entwickelt, das es ihm erlaubt, sich anderen gegenüber zu behaupten, Wissen als das eigene Kapital zu betrachten und ein unabhängiges, selbstbestimmtes Leben zu führen. Diese Strategie ist charakteristisch für Familien der gebildeten Mittelschicht in westlichen Informationsgesellschaften. Andererseits streben viele Eltern gerade diese Entwicklungsziele nicht an. Sie möchten ihr Kind auf seinen Platz in einer hierarchischen Familie vorbereiten, wo Anpassung und die Sorge um das Gemeinwohl im Vordergrund der erzieherischen Bemühungen stehen. Das Baby soll ein Selbstkonzept entwickeln, das auf ein Leben in der Gemeinschaft ausgerichtet ist, und es wird darin durch viel und engen Körperkontakt, nonverbale Kommunikation und das Herausstellen der Pflichten, Konventionen und Normen unterstützt. Diese Strategie ist charakteristisch für bäuerliche Familien auf dem Land in traditionellen Gesellschaften. In einer multikulturellen Gesellschaft wie der Bundesrepublik Deutschland leben Familien mit sehr unterschiedlichen Erziehungszielen und Sozialisationsstrategien. Dabei ist es wichtig zu akzeptieren, dass es keine richtige oder falsche Strategie gibt, sondern nur verschiedene, die sich an unterschiedlichen kulturellen Idealen orientieren.

Frühe Verhaltensmuster

Greifen

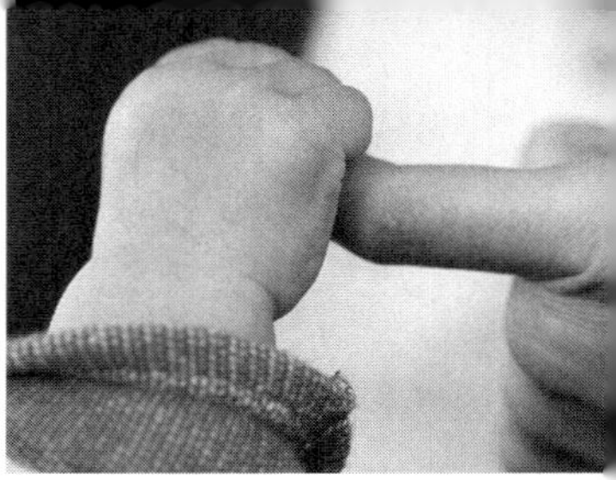

Der Greifreflex hat noch nicht viel mit dem Begreifen zu tun. Bei Berührung der Handinnenfläche packt der Säugling automatisch zu. Dieses Verhalten hat sicher einmal dem Schutz gedient, dem Festhalten. Bald wird aus diesem passiven Verhalten jedoch ein Spektrum verschiedener Verhaltensmöglichkeiten, die alle dazu dienen, Informationen aus der Umwelt und über die Umwelt aufzunehmen. Dabei werden die Hände zunächst vom Mundraum unterstützt.

Schon William Preyer hat in seinem zuerst 1882 in Leipzig erschienenen Buch »Die Seele des Kindes« gesagt: »Von allen Bewegungen des Säuglings im ersten Halbjahr sind keine von größerer Bedeutung für seine geistige Entwicklung als die Greifbewegungen.«

Lucia fängt an, die Welt zu verstehen. Die empfindlichen Schleimhäute der Mundregion nehmen viele Informationen über die Form und Oberfläche der Rassel auf. Lucia ist dabei völlig konzentriert.

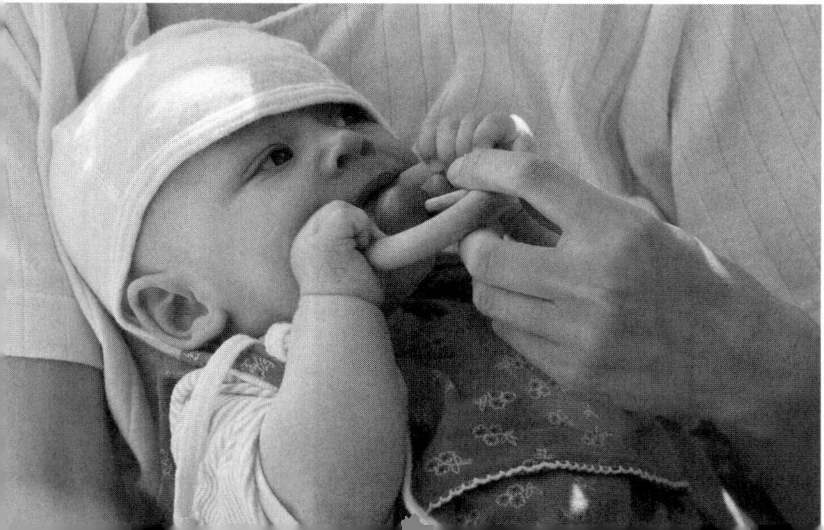

Die Schleimhäute der Zunge und des Mundinnenraumes sind mit vielen Nervenfasern ausgestattet, die Informationen über Objekte aufnehmen und an das Gehirn melden. Deshalb stecken Säuglinge in den ersten Lebensmonaten alles in den Mund. Diese Informationen sind wichtig für die gesamte Entwicklung. Das Abtasten, auch des Gesichtes der Mutter, ist erst möglich, wenn das Greifen nicht mehr reflexhaft erfolgt. Die Koordination von Sehen und Greifen ist ein nächster

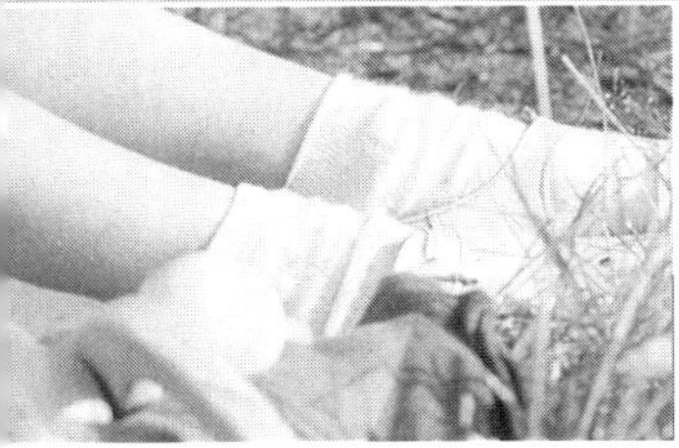

Saskia und Sabrina sind mit voller Aufmerksamkeit bei der Sache. Ihre Gesichter äußern Interesse, wenn auch an unterschiedlichen Aspekten. Saskia ist fasziniert von dem Objekt, Sabrina ist fasziniert von ihrem neu erworbenen Verhalten. Sie kann jetzt auch kleine Dinge in die Hand nehmen. Vorsichtig probiert sie dies aus.

wichtiger Entwicklungsschritt. Der Gesichtsausdruck spiegelt das Interesse am Erkennen wieder. Mit der Entwicklung des Pinzettengriffes um das zweite Lebensjahr herum ist das Repertoire zur »Handhabung« der Welt dann komplett. In der Entwicklungsgeschichte der Menschen hat die Gegenüberstellung von Daumen und Zeigefinger eine enorme Flexibilität hergestellt – und damit einen erheblichen Vorteil im Konkurrenzkampf ums Überleben.

Geschmack

Ab Geburt verfügen Säuglinge über einen funktionierenden Geschmackssinn. Das bedeutet auch, dass sie unterschiedliche Vorlieben haben: Sie bevorzugen eindeutig den süßen Geschmack. Auf Saures reagieren Säuglinge mit einem charakteristischen Gesichtsausdruck, sie ziehen die Augenbrauen zu-

sammen, verengen die Pupillen und pressen den Mund zusammen. Auch dies ist eine Reaktion, die sich in der Menschheitsgeschichte als vorteilhaft herausgestellt hat. Der Geschmackssinn hat dazu beigetragen, unbekömmliche Nahrung zu vermeiden. Im Laufe des Lebens entwickeln Menschen dann ganz unterschiedliche geschmackliche Vorlieben.

Die 10 Monate alte Sabrina ist verblüfft, was mit ihr geschieht. Sie kann sich ihrer Reaktion auf das Saure nicht erwehren. Auch verstellen können sich Säuglinge noch nicht, und ihre Gesichtssprache kann jeder lesen. Sabrinas Mutter leidet mit ihrer Tochter, und ihr Gesicht spiegelt Sabrinas Empfindungen wider.

Auch wir Erwachsene verziehen unser Gesicht bei unerwartetem sauren Geschmack – es handelt sich also um eine Reflexbewegung. Bei Untersuchungen mit Säuglingen fand man heraus, dass Salz, Chinin und Säure Grimassen als Ausdruck des Missbehagens hervorriefen, Zucker dagegen Saugbewegungen bewirkte.

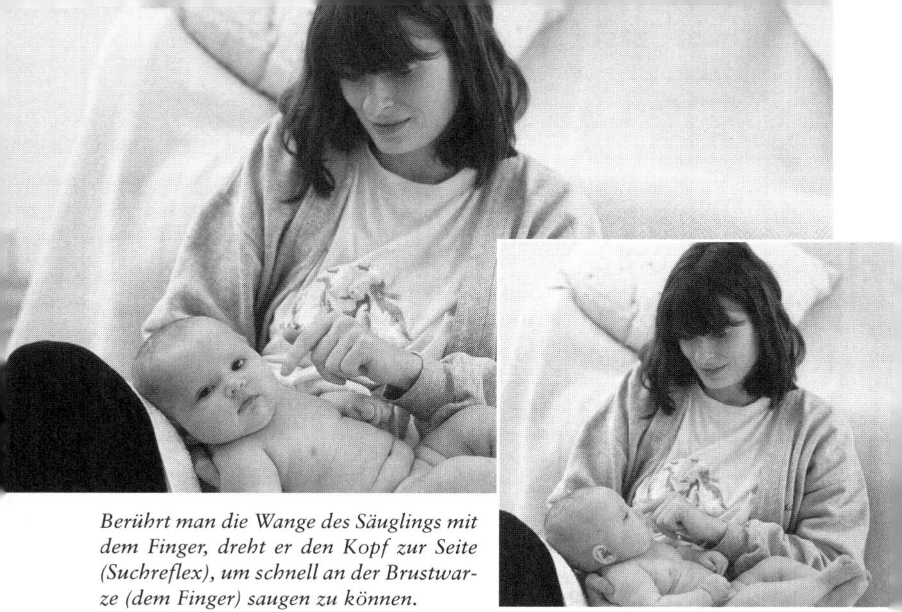

Berührt man die Wange des Säuglings mit dem Finger, dreht er den Kopf zur Seite (Suchreflex), um schnell an der Brustwarze (dem Finger) saugen zu können.

Reflexe

Vor noch nicht allzu langer Zeit glaubte man, dass das Verhaltensrepertoire von Säuglingen aus Reflexen besteht. Mit steigendem wissenschaftlichen Interesse an der Säuglingszeit haben sich verschiedene Forscher jedoch dann die Zeit genommen, Säuglinge genau zu beobachten, und zwar über den gesamten Tagesverlauf. Dabei machten sie die erstaunliche Entdeckung, dass Säuglinge über viele verschiedene und zum Teil schon sehr differenzierte Verhaltensweisen verfügen und dieses Repertoire auch sinnvoll für soziale Regulationen einsetzen können. Diese Erkenntnisse in den späten 50er Jahren haben die Säuglingsforschung revolutioniert: Seitdem spricht man vom kompetenten Säugling! Die Reflexe spielen aber immer noch ein große Rolle, u. a. auch zur Diagnostik des neurologischen Zustandes. Aus der Art und Weise der geäußerten Reflexe kann man auf möglicherweise vorhandene Defizite schließen, die dann wiederum mit bestimmten Trainingsprogrammen behandelt werden. Reflexerfassung und Therapien können sehr unangenehm für die Babys sein.

Marlene, 8 Wochen alt, zeigt den Schreitreflex. Berührt ein Säugling in aufrechter Position mit den Füßen einen festen Untergrund, kann man diesen »Babytanz« beobachten. Marlenes Mutter schaut ihr fasziniert zu.

Kindchen-Schema

Auch bei Tieren, die zunächst auf die Fürsorge ihrer Mütter angewiesen sind, ist diese »Reizkonstellation«, nämlich der ausgeprägte Hinterkopf, der große Kopf im Vergleich zum restlichen Körper, die großen Augen, zu finden. Kleine Katzen beispielsweise verfügen ebenfalls über das Kindchen-Schema und lösen damit nicht nur bei ihren Müttern, sondern auch bei ihren menschlichen Betreuern Zuneigung und Pflegeverhalten aus. (Auch Micky Maus ist nach dem Kindchen-Schema konzipiert.) Wenn man einmal darauf achtet, bemerkt man schnell, dass auch in der Produktwerbung die Verwendung des Kindchen-Schemas allgegenwärtig ist. Auf eine intuitive Art und Weise werden positive Gefühlsregungen und eine positive emotionale Grundhaltung aktiviert. Dazu kommen beim Säugling natürlich noch die Bindungsverhaltensweisen, die, wie ihr Name schon sagt, die Eltern ebenfalls an ihr Kind binden, wie Schreien, Weinen, Gurrlaute, besonders

Fällt der Kopf nach hinten, wird der Moro-Reflex ausgelöst: Nach erschrecktem Ausbreiten der Arme gehen diese blitzschnell wieder zusammen.

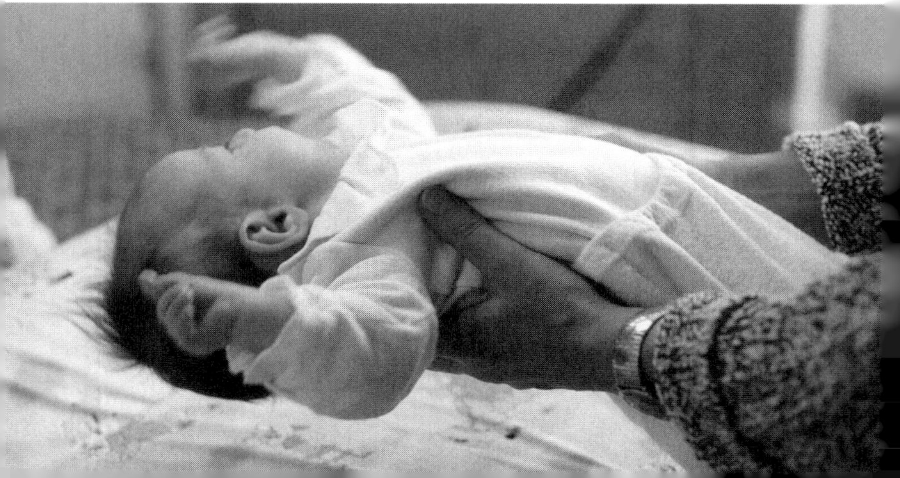

Der ausgeprägte Hinterkopf ist nun von einem weichen Haarflaum bedeckt. Dies unterstreicht seine Kontur.

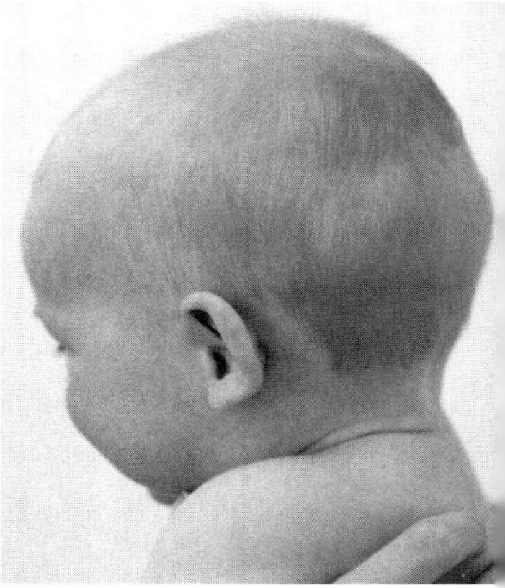

aber das Lächeln. Mit dem Kindchen-Schema hat die Natur Säuglingen ein sehr wirksames Mittel mitgegeben, sie vor Vernachlässigung oder sogar Misshandlung – in der Regel jedenfalls – zu schützen. Die großen Augen, die kleine Stupsnase und der ausgeprägte Hinterkopf lösen spontan Sympathie, Zuneigung und Zuwendung aus.

Das Kindchen-Schema ist auch ein wirksamer Mechanismus in dem Prozess der Bindungsentwicklung. Die Regulierung von Konflikten und eventuell sogar Aggressionen wird sicher durch die Gefühle der Fürsorge und des Schutzes, den das Kindchen-Schema auslöst, erleichtert. Die Proportionen des Kindchen-Schemas verlieren sich dann im Vorschulalter allmählich völlig.

Man kann das Kindchen-Schema aber keinesfalls als eine isolierte, das heißt für sich alleine wirkende Dimension begreifen. Der Gesichtsausdruck, das heißt die ausgedrückte emotionale Befindlichkeit, die Körperspannung und viele andere einzelne Merkmale machen zusammen die Individualität des Säuglings aus. Die Reaktion der Eltern hängt wesentlich auch von ihrer eigenen Vorgeschichte und der Empfänglichkeit für solche Signale ab.

Auch Luis weist noch die Merkmale des Kindchen-Schemas auf, wie zum Beispiel einen runden Kopf und große, ausgeprägte Augen.

Agieren und Beobachten

Im Hantieren und in der Betätigung mit Dingen zeigen sich verschiedene Phasen der Erkenntnisfortschritte. Effekte selbständig auslösen, Objekte manipulieren bedeutet Kontrolle ausüben. Dies ist eine wesentliche Erfahrung unter verschiedenen Aspekten. Einmal wird natürlich die kognitive geistige Entwicklung durch neue Erfahrungen und Informationen vorangetrieben. Aber auch das Konzept, das Kinder von sich selbst entwickeln, wird aus diesen Informationen gespeist. Kinder lernen, dass sie etwas bewirken können, und das gibt ihnen Selbstvertrauen und Sicherheit für die wichtigen nächsten Entwicklungsschritte. Auch bei der Bilderserie oben spiegelt sich das Geschehen in der Mimik. Die Konzentration auf das Geschehen drückt sich in erster Anspannung aus.

Die Augen sind das Fenster zur Seele. Die Welt kommt wesentlich durch die Augen in unser Gehirn.

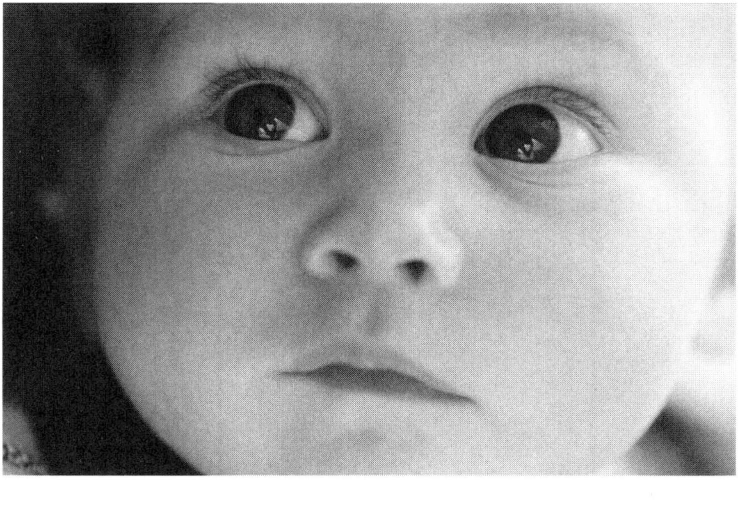

Das Fallenlassen des Apfels, das Wiederbekommen, das Fallenlassen ist ein unwiderstehlicher Prozess. Julia spiegelt in ihrem Gesicht die verschiedenen Phasen ihrer Umwelterkundung deutlich wider. Die Entscheidung, den Apfel noch einmal fallenzulassen, löst das freudige Triumphieren ab. Das Verfolgen des Apfels mit dem Blick ist ernste Arbeit, was sich an Julias konzentriertem Gesichtsausdruck und an den geschlossenen Lippen ablesen lässt. Die Spannung zeigt sich auch an den Händen des Kindes.

Julia ist stolz auf sich und fasziniert von dem, was sie schon alles »in Bewegung setzen« kann.

Stillen

Hunger und Durst sind Triebe, die sehr bald nach der Geburt auftreten. Das Hungergefühl äußert sich in dem Bestreben, an allem, was in und an den Mund gerät, zu saugen. Obwohl das Saugen ein Reflex ist, wird der satte Säugling Saugbewegungen sehr viel seltener machen. Wird der Hunger- und Dursttrieb nicht befriedigt, wird das Baby unruhig und schreit. Aber auch in Unruhezuständen, die durch andere Ursachen als durch Durst und Hunger hervorgerufen werden, wirkt das

Schon William Preyer hat 1882 an seinem Kind beobachtet, dass es beim Anlegen an die Brust die Augen aufriss. Lucia bestätigt die Gültigkeit seiner Beobachtungen.

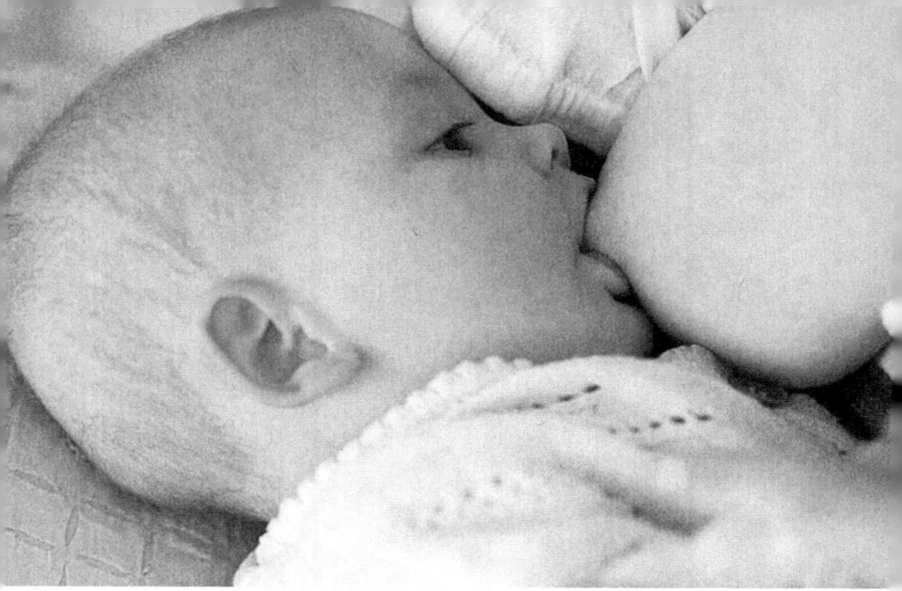

Saugen beruhigend und ist damit eine der ersten selbstregulatorischen Fähigkeiten des Säuglings. Dies verstehen Babys schon in den ersten Lebenstagen, wenn sie anfangen, an der eigenen Hand zu saugen.

Die Auslösbarkeit des Rooting-Reflexes ist beim hungrigen Säugling besonders leicht: Wenn Lippe oder Wange mit dem Finger berührt werden, schnellt der Kopf des Babys in die Richtung, wo die Brust der Mutter vermutet wird.

Viele Eltern glauben, dass ihr Kind nach dem Stillen möglichst schnell einschlafen möchte. Erstaunlicherweise sind Säuglinge jedoch in dieser Situation am aufmerksamsten und auch sehr bereit, in soziale Interaktionen einzutreten. Durch die Initiierung von Blickkontakt, den Augengruß, eine sanfte Ansprache, Lächeln und andere mimische Reaktionen lädt die Mutter zur Kommunikation ein. Die Augen des Babys öff-

Die sechs Monate alte Antonia nuckelt an der Brust ihrer Mutter, nicht primär, weil sie Hunger hat, sondern um so körperliche Nähe herzustellen. Ihr in die Ferne schweifender Blick zeigt, dass sie müde ist.

nen sich weit, die Pupillen werden groß, und die mütterlichen Signale werden mit Freude beantwortet.

Obwohl das Stillen viele Vorzüge unter den verschiedensten Aspekten aufweist, muss die Stillbeziehung harmonisch sein, damit diese Vorzüge auch zum Tragen kommen können. Für manche Mutter-Kind-Paare kann es daher durchaus angemessener sein, auf die Flaschenfütterung zurückzugreifen.

Für manche Mütter ist das Stillen – aus verschiedenen Gründen – unangenehm. Dann ist es wichtig, zu diesen Gefühlen zu stehen und sie so ehrlich und offen es geht zu äußern, damit nicht unerledigte Konflikte den frühen sensiblen Verhaltensaustausch stören.

Der Zeitpunkt des Abstillens ist ein Aspekt im frühen Sozialisationsgeschehen, der sich von Kultur zu Kultur stark unterscheidet. Während bei uns die meisten Mütter abstillen, wenn ihre Säuglinge zwischen drei und sechs Monaten alt sind, ist in manchen anderen Kulturen das Stillen ein natürliches Verhütungsmittel. Dort stillen die Mütter die Säuglinge bis zum Alter von drei oder vier Jahren, was dann auch dem Abstand der Geburtenfolge entspricht. Allerdings sind solche Muster von Kultur zu Kultur nicht übertragbar.

Aber auch andere Aspekte des Stillens unterscheiden sich. So käme in Kulturen, in denen Säuglinge den ganzen Tag am Körper getragen werden und sich die Brust immer dann nehmen können, wenn sie hungrig sind, keine Mutter auf die Idee, nach einem festgelegten Stundenplan vorzugehen. Auch bei uns stillen immer mehr Mütter nach Verlangen als nach festem Plan. Sicherlich ist es für das Baby am besten, dann zu trinken, wenn es hungrig ist, aber auch Mütter haben Bedürfnisse!

Sabrina scheint sich beim Trinken sichtlich wohl zu fühlen. Sie nutzt die Situation zum ausgeprägten Blickkontakt zu ihrer Mutter.

Blickkontakt

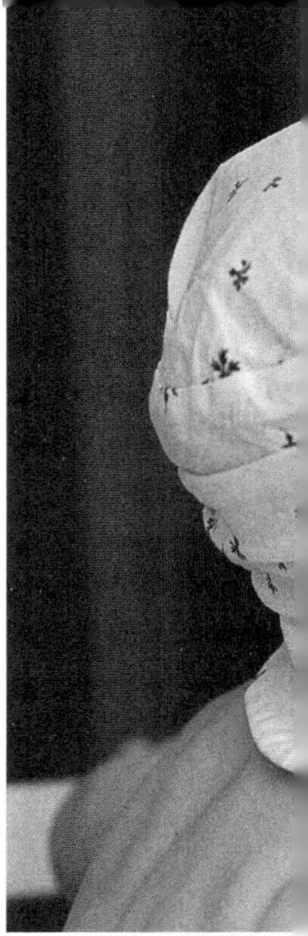

Das gegenseitige Sichanschauen ist einer der faszinierendsten Verhaltensbereiche im Umgang mit Säuglingen, und das nicht nur für Mütter und Väter. Auch ältere Geschwister fühlen sich von Säuglingen angezogen und suchen ihre Nähe und ihren Blick. Säuglinge betrachten das Gesicht der Geschwister mit dem gleichen Interesse, das sie auch für Mutter und Vater aufbringen. Das Verhalten des Säuglings richtig zu interpretieren und angemessen darauf zu antworten, seine Signale zu spiegeln und damit die Entwicklung aktiv zu unterstützen, das ist es, was die Rolle der Eltern von der der Geschwister unterscheidet.

Die 20 Monate alte Hannah und die vier Monate alte Lucia sind Geschwister. Lucia schaut mit großen, interessierten Augen auf Hannah und weiß gar nicht so recht, was da geschieht. Ob Hannah Lucia gleichermaßen in die Augen schaut, ist gar nicht so sicher. Natürlich freuen sich die Eltern, wenn sich die Geschwister positiv zueinander verhalten und sich sogar ein Küsschen geben. Ob dieser kurze Moment jedoch geeignet ist, uns über die Beziehung dieser beiden Geschwister etwas zu sagen, ist zweifelhaft.

Im nächsten Moment können durchaus andere Gefühle die Oberhand gewinnen. Rivalität und Konkurrenz zwischen Geschwistern sind ganz natürlich, besonders wenn sie noch so klein sind und der Geburtsabstand zwischen ihnen gering ist.

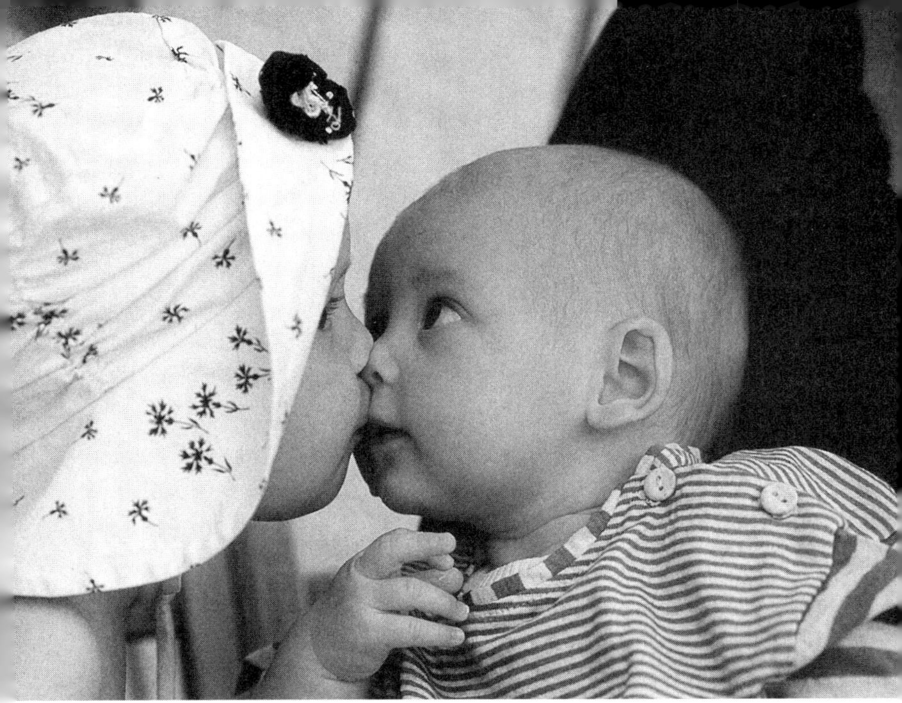

Der Umgang mit diesen Problemen erfordert von den Eltern viel sensitives Fingerspitzengefühl. Sie müssen beiden Kindern das Gefühl vermitteln, dass sie einzigartige Bereicherungen ihres Lebens sind.

Der Blickkontakt zwischen dem Baby und seinen wichtigsten Bezugspersonen – und dies ist in unserer Kultur in aller Regel (zunächst) die Mutter – stellt einen Rahmen für die frühen Entwicklungsprozesse dar. Während des Blickkontaktes tauschen Mutter und Kind Signale aus – sie lächeln, sie ziehen die Augenbrauen hoch, sie verändern den Ausdruck des Mundes, sie vokalisieren, und beide haben, wie auf unseren Fotos, Spaß dabei.

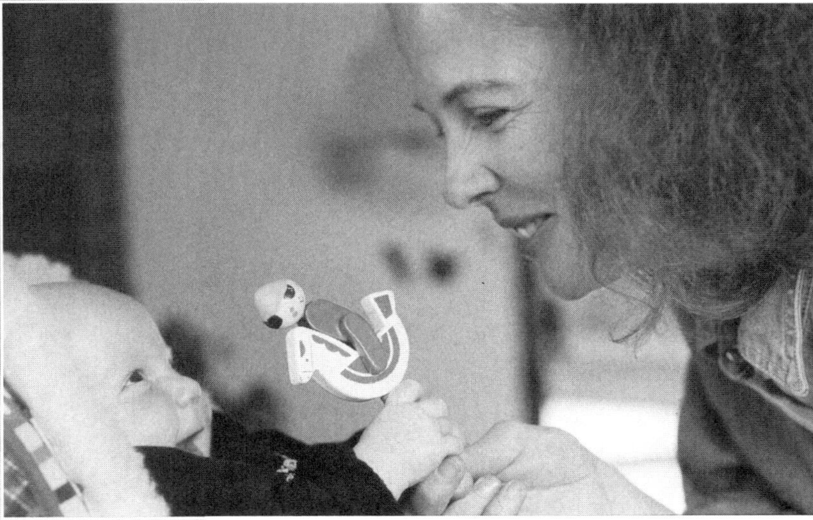

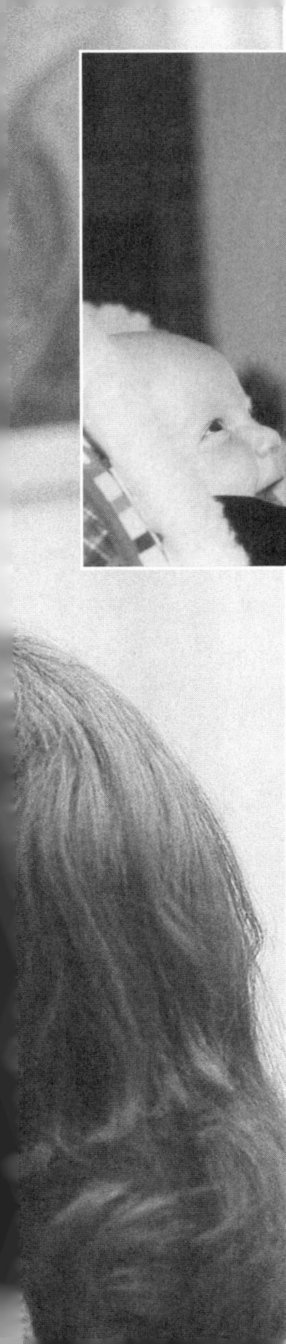

Für das Baby gibt es in den ersten Lebensmonaten nichts Interessanteres als das Gesicht der Mutter. Kein Spielzeug kann so attraktiv sein.

Beim Blickkontakt äußern Säuglinge andere Verhaltensweisen als in Situationen ohne Blickkontakt. Sie vokalisieren und lächeln mehr. Mütter andererseits reagieren verstärkt mit Sprache auf die Verhaltensweisen ihrer Kinder und zeigen komplexere Reaktionen. Das bedeutet, dass Säuglinge während des Blickkontaktes und in Situationen, in denen kein Blickkontakt vorhanden ist, unterschiedliche Interaktionserfahrungen machen, die ihrerseits wiederum auch unterschiedliche Verhaltenskonsequenzen haben. Es

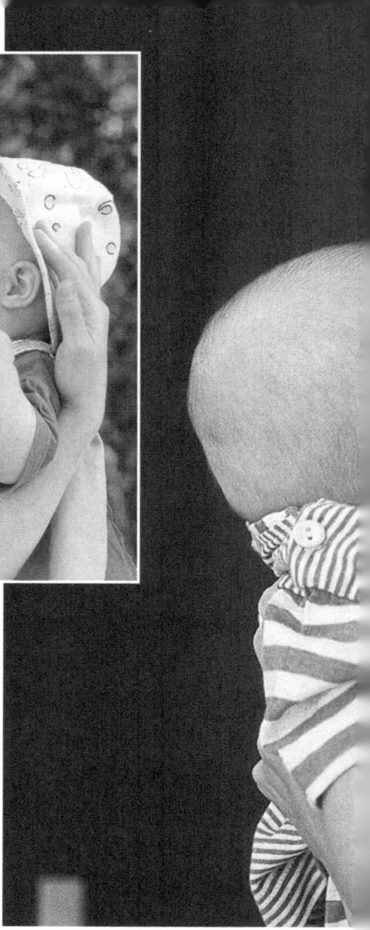

Sabrina und Lucia sind intensiv in die Gesichter ihrer Mütter versunken. Dies spiegelt einen Prozess der Synchronisation. Die Mütter spiegeln die Mimik ihrer Kinder wider – dies ist der Kontext für erstes Lernen.

ist erwiesen, dass in diesen frühen Blickkontaktsituationen u. a. auch die Grundzüge des Spracherwerbs gelegt werden.

Während des Blickkontaktes laufen verschiedene Phasen ab, die u. a. auch durch die Erregung des Babys gesteuert werden. Nach aufregenden Phasen bringt die Mutter wieder Ruhe in das Geschehen. Sie erkennt, wann es zuviel für ihr Baby wird und somit die Gefahr der Übererregung droht. In den ruhigen Phasen erholt sich das Baby, um dann wieder für neue Aufregungen, d. h. neue Ent-

deckungen bereit zu sein. Die verschiedenen Zustände sind im Gesicht von Sabrinas Mutter genauso deutlich abzulesen wie bei Lucia. Diese intuitiven Regulationen zeigen die angeborene Kompetenz von Müttern, Vätern (und Erwachsenen überhaupt), Säuglinge in ihrer Entwicklung zu begleiten und zu unterstützen.

Wachsein und Schlafen

Müdigkeit

Das Verhalten von Säuglingen lässt sich verschiedenen Verhaltenszuständen zuordnen, die sich natürlich auch bei älteren Kindern und Erwachsenen zumindest in bestimmten Erscheinungsformen finden lassen. Der Übergang zwischen Wachsein und Schlafen ist bei Säuglingen ein eigener Verhaltenszustand, der natürlich in späteren Entwicklungsphasen zunehmend mehr unter bewusste Kontrolle und damit in unterschiedliche Erscheinungsformen gerät.

Linus ist 1¾ Jahre alt und ein Charmeur, wie er im Buche steht. Er ist ein sehr fröhliches Kind, das mit jedem Tag die Welt neu entdeckt. Wie viele Kinder seines Alters empfindet er Müdigkeit dabei als ausgesprochen störend. Er möchte wach bleiben, um neue Entdeckungen zu machen, um neue Dinge zu erfahren und auch herauszufinden, wie das Leben der Erwachsenen verläuft. Verzweifelt versucht er deshalb zu-

weilen, die Müdigkeit, die ihn überfällt, wegzureiben und nicht zuzulassen. Sein unermüdlicher Forscherdrang zeigt sich daran, dass mindestens ein Auge über die Fäustchen und Händchen hinwegblinzelt. Er möchte wirklich nichts verpassen. Der Muskeltonus seiner Finger zeigt jedoch, dass Linus diesen Kampf bald verlieren wird.

Die Müdigkeit fordert allerdings ihren Tribut. Müde Kinder sind oft unleidlich und können Konflikte nicht mehr regulieren. Ausreichender Schlaf ist also wesentlich für die vielfältigen Anforderungen des Tages. Übergangsrituale, eine klare Trennung von den Tagesaktivitäten und der Ruhe helfen dabei, in den Schlaf zu finden. Der Schlafraum sollte tatsächlich eine Ruhezone sein. Geregelte Schlafenszeiten helfen ebenfalls, ausreichend Schlaf sicherzustellen.

Linus ist im Übergang zwischen eher unverstellten Verhaltensäußerungen des Säuglings und den kontrollierten Äußerungen Erwachsener. Er kann seine Müdigkeit noch nicht verstecken, aber er kämpft dagegen an.

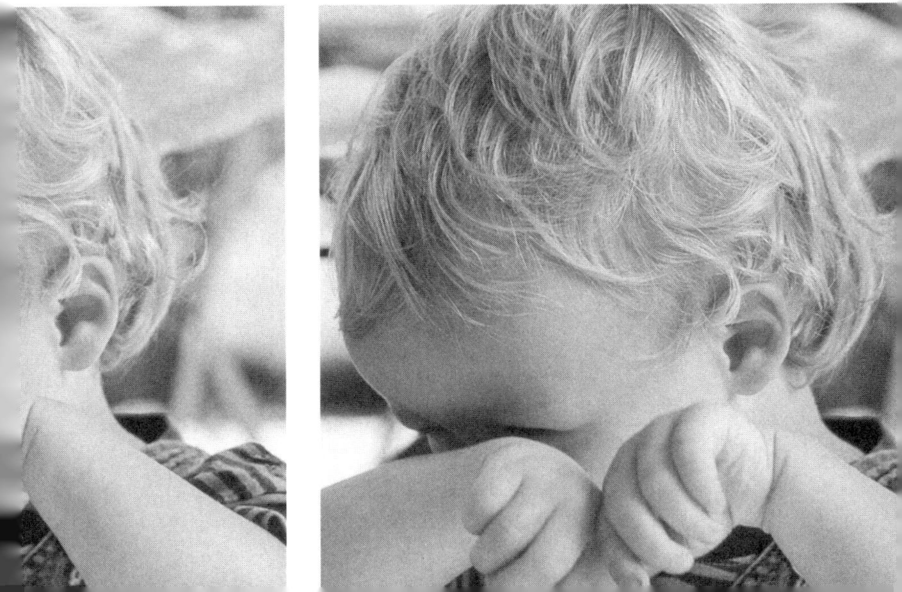

Schlafen

Säuglinge verbringen in den ersten Wochen und Monaten die meiste Zeit des Tages mit Schlafen, nämlich 75 Prozent, was sich bis zum Alter von sechs Monaten auf etwa 50 Prozent reduziert. Der Schlaf-Wach-Rhythmus ist zunächst oft unregelmäßig und pendelt sich erst im Laufe der Zeit ein. Es gibt Hinweise darauf, dass der Rhythmus in den ersten Lebenswochen auch durch das Verhalten der Mutter während der Schwangerschaft geprägt ist. Lässt das Verhalten der Mutter eine eindeutige Rhythmik und relativ feste Schlafphasen erkennen, so besteht eine erhöhte Wahrscheinlichkeit, dass sich dies auf das Kind überträgt. Ein sehr unregelmäßiges Schlafverhalten der Mutter erschwert es dagegen dem Kind, seinerseits bereits eine Rhythmik aufzubauen, die dann gegebenenfalls auch das Verhalten in den ersten Lebenswochen mitbestimmt.

Sabrina schläft auf dem Arm ihrer Mutter, ihr Gesicht ist ganz entspannt. Ihre Finger zeigen allerdings eine gewisse körperliche Anspannung. Vielleicht träumt sie gerade? Julian ist müde, aber sehr zufrieden.

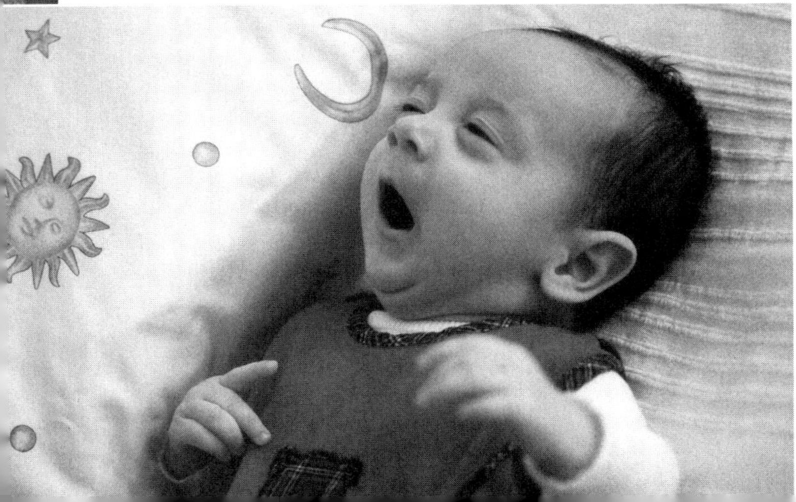

Lucia befindet sich im Zustand des aktiven Schlafs; dabei saugt sie an ihrem Daumen. In dieser Schlafphase bewegt sie ihren Mund, ihre Nasenflügel zittern, ihre Pupillen wandern hin und her, zuweilen legt Lucia auch die Stirn in Falten.

In unserer Kultur wird sehr viel Wert auf frühe Selbstständigkeitserziehung gelegt, was auch bedeutet, dass Säuglinge früh lernen, alleine zu schlafen. In anderen Kulturen ist die dauernde Nähe zu der Mutter, besonders durch Tragen am Körper, eine Selbstverständlichkeit.

Auch Eltern hierzulande machen aber häufig die Erfahrung, dass Säuglinge auf dem Arm oder am Körper besonders

gut schlafen, eventuell sogar wach oder quengelig werden, wenn sie in ihr Bettchen zurückgelegt werden. Das hat sicherlich zunächst mit Verwöhnen nichts zu tun. Aus vielen Gründen kann ein Säugling diese Art von Wärme und Zuneigung gebrauchen. Einer ist darin zu suchen, dass die Wärme, die der Säugling spürt, und auch das leichte Hin- und Herwiegen auf dem Arm beruhigend wirken und dem Säugling ein Gefühl der Sicherheit und Geborgenheit geben.

Auch die damit verbundene Monotonie und der Reizmangel verstärken das Gefühl der Müdigkeit und erleichtern es, einzuschlafen. Nicht jeder Säugling reagiert gleichermaßen auf Einschlafhilfen der Eltern. Hier können im Einzelfall unterschiedliche Maßnahmen wirksam sein, für die Eltern in der Interaktion mit ihrem Säugling ein Gespür entwickeln sollten.

Eine elterliche Unterstützung beim Einschlafen verliert jedoch in dem Maß an Bedeutung, in dem die Botschaften des Kindes beachtet werden: Wenn Müdigkeitssignale erkennbar sind und das Kind zur rechten Zeit schlafen gelegt wird, ist eine Unterstützung beim Einschlafen kaum erforderlich.

Der Schlaf besteht aus zwei Verhaltenszuständen: dem ruhigen und dem unruhigen Schlaf. Im ruhigen Schlaf herrscht sozusagen Funkstille. Der Säugling liegt fast unbeweglich und macht nur ganz selten kleine spontane Bewegungen: das Zucken des kleinen Fingers, ein kleines Nasenkräuseln, das Heben der Oberlippe. Das Bild der Ruhe, das von einem schlafenden Säugling ausgeht, erinnert nicht umsonst an einen schlafenden Engel.

Ganz anders der unruhig schlafende Säugling. Er befindet

sich in der so genannten REM-Phase, das heißt »rapid eye movements« oder schnelle Augenbewegungen. Man sieht die Pupillen förmlich hin- und herschießen. Es treten viele kleine Spontanbewegungen oder auch Zuckungen des gesamten kleinen Körpers auf. Auch Daumenlutschen kann in diesem aktiven Schlafzustand vorkommen. Beide Phasen wechseln etwa zwei Mal ab, bis der Säugling dann wach wird.

Ist es für die Nso-Mutter in Nordwestkamerun unvorstellbar, dass ihr Säugling woanders schläft als an ihrem Körper oder in ihrem Bett, sind die Vorstellungen in unserer Kultur eher darauf ausgerichtet, den Säugling möglichst frühzeitig daran zu gewöhnen, alleine in seinem Bettchen oder gar in einem eigenen Kinderzimmer zu schlafen. Darin kommen unter anderem Vorstellungen über die Rolle der frühen Selbstständigkeitserziehung und auch das Verständnis von Autonomie zum Tragen. Aber auch bei uns schlafen Kleinkinder öfter im Bett der Eltern, als man denkt. Nur geben es aus den oben genannten Gründen viele Eltern, besonders Väter, nicht gerne zu, da diese Suche der Kinder nach Körperkontakt und Wärme vielfach von der Gesellschaft als Verwöhnung oder gar Verziehung der Kinder angesehen wird.

Erziehung erfolgt also nicht nur durch soziale Interaktionen, sondern auch durch die kulturelle Bereitstellung von spezifischen Kontexten. Untersuchungen aus dem Bereich der Entwicklungs- und Gedeihstörungen haben aber auch noch andere Aspekte solcher Schlafarrangements aufgewiesen. So hat man in Kanada und den USA herausgefunden, dass Säuglinge, die sehr viel schreien, ruhiger sind, wenn sie nachts eng am Körper der Mutter schlafen.

Schauen

»Der Säugling wird zum Schaukind im Laufe des dritten Monats und differenziert das von ihm Erschaute mannigfach in seinen Reaktionen«, hat Karl Bühler schon 1958 in seinem »Abriss der geistigen Entwicklung des Kleinkindes« (S. 54, erschienen in Heidelberg beim Verlag Quelle & Meyer) formuliert. Dann hat es noch einmal gut 20 Jahre gedauert, bis die Bedeutung des Sehens in der vollen Tragweite – einerseits als Rahmen sozialer Beziehungen, andererseits als wesentliches Medium der Informationsaufnahme und -verarbeitung – in seiner ganzen Bedeutung erkannt wurde. Je nachdem, in welche Welt des Säuglings das Sehen eingebettet ist, drücken

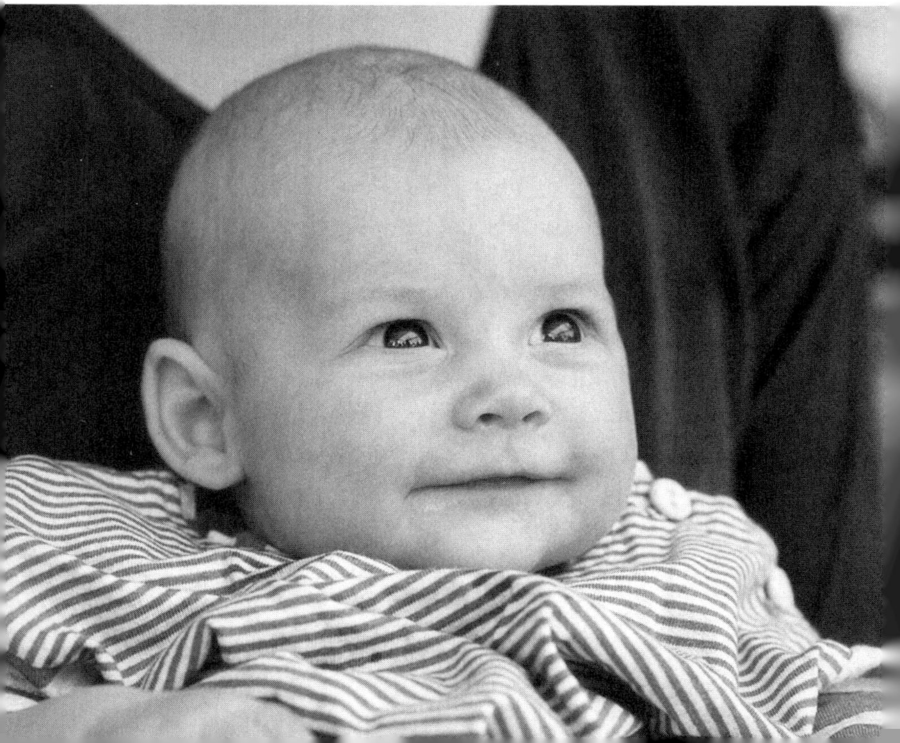

Lisa und Lucia zeigen uns unterschiedliche Formen des aufmerksamen Schauens. Beide sind mit der Situation vertraut, das zeigt das zurückhaltende Lächeln.

auch die Augen verschiedene Gefühle und Zuständlichkeiten aus. Der Glanz in den Augen ist immer ein Zeichen für Interesse und Freude an der Sache. Bei zunehmender Müdigkeit verschwindet der Glanz und macht das Auge dumpf.

Der intensive Blickkontakt der ersten Lebensmonate wird gegen Ende des ersten Lebensjahres zum »instrumentellen Sehen«. Der lange Blickaustausch wird ersetzt durch kurze Versicherungsblicke: Ist die Mutter noch da, schläft die Katze noch, liegt der Keks noch auf dem Tisch? In der Interaktion

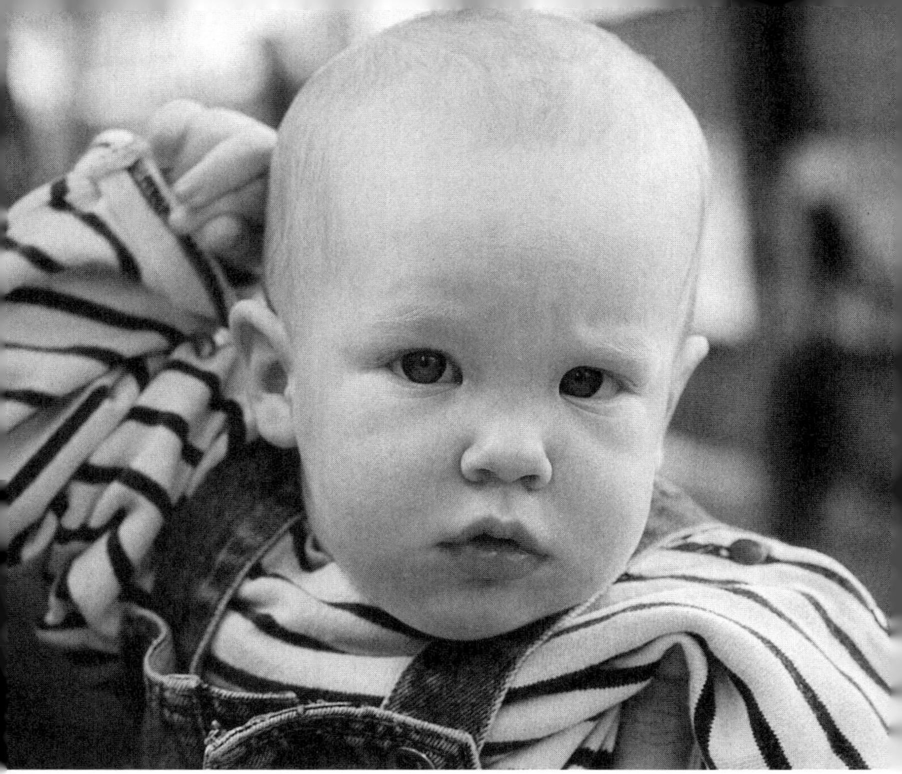

Filip und Rebecca sind ebenfalls interessiert, dabei ist Filip sehr viel skeptischer, das zeigt auch das Händchen, das er an den Kopf führt. Er wartet ab, wie die Situation sich weiterentwickelt. Rebecca hat das Gesehene bereits verarbeitet. Sie freut sich über den Erkenntnisgewinn.

wird der Verhaltensbereich Blickkontakt nun ersetzt durch die gemeinsame Orientierung auf Objekte. Es kommt die Zeit des gemeinsamen Bilderbuch-Anschauens. Es gibt im Leben nur noch eine Zeitspanne, in der der Blickkontakt zwischen zwei Menschen ähnlich intensive Formen annimmt wie der zwischen Säugling und Mutter oder Vater. Dies ist der Zeitpunkt des Verliebtseins, das heißt dann, wenn romantische

Beziehungen aufgenommen werden, und auch da charakterisiert das Tief-in-die-Augen-Schauen nur den Beginn der Beziehung.

Die Funktionen des Blickverhaltens werden im Verlaufe der Entwicklung vielfältig. Mit Blicken kann man drohen, Blicke können aber auch Bewunderung ausdrücken. So hat man beispielsweise in verschiedenen Untersuchungen herausgefunden, dass man den sozialen Status oder Rang, den ein Kind in der Kindergruppe einnimmt, daran ablesen kann, wie lange und wie oft es angeschaut wird.

Achtung vor sozial Höherstehenden drückt sich in anderen Kulturen aber auch so aus, dass sie nicht direkt angeschaut werden dürfen.

Motorische Entwicklung

Greifen

Zunächst benutzen Säuglinge die gesamte Hand zum Greifen. Aus dem Reflex – der im Übrigen nicht unterdrückt werden kann, Säuglinge müssen bei entsprechender Stimulation der Handinnenfläche zugreifen – wird eine zielgerichtete Handlung. Auf dem Weg dahin sind allerdings noch viele Stolpersteine zu überwinden: Drei Monate alte Säuglinge schließen die Hand häufig zu früh oder zu spät und verpassen so das Objekt. Mit sechs Monaten ist dieses Problem dann in der Regel verschwunden. Aber schon stellt sich ein neues: Sie können das einmal erfasste Objekt nicht wieder loslassen. Erst wenn sich die Hand entspannt, fällt das Objekt, häufig unbemerkt, heraus.

Zwischen neun und vierzehn Monaten können kleine Kinder dann schon den Pinzettengriff einsetzen. In diesem Alter heben sie mit Hingabe jeden kleinen Fussel vom Teppich auf. Auch Marienkäfer auf dem Rasen sind vor den Kindern nicht sicher. Dabei hilft den Babys, dass sie nun schon einige Zeit alleine sicher und ohne Unterstützung sitzen können. Mit etwa acht Monaten können dies 90 Prozent aller Babys in unserem Kulturkreis. Danach gehört das Greifen dann zum selbstverständlichen Verhaltensrepertoire. Es ist nicht einmal mehr spezielle Aufmerksamkeit nötig, um den Apfel festzuhalten. Die einzelnen Finger sind flexibel und unabhängig voneinander einsetzbar. Dem Kind gelingt zunehmend auch die Bewältigung komplexerer Aufgaben (wie beispielsweise Objekte aufeinander zu setzen, um so den ersten kleinen Turm zu bauen).

Sabrina findet jetzt alles interessant, und sie freut sich über jede neue Entdeckung, die sie macht.

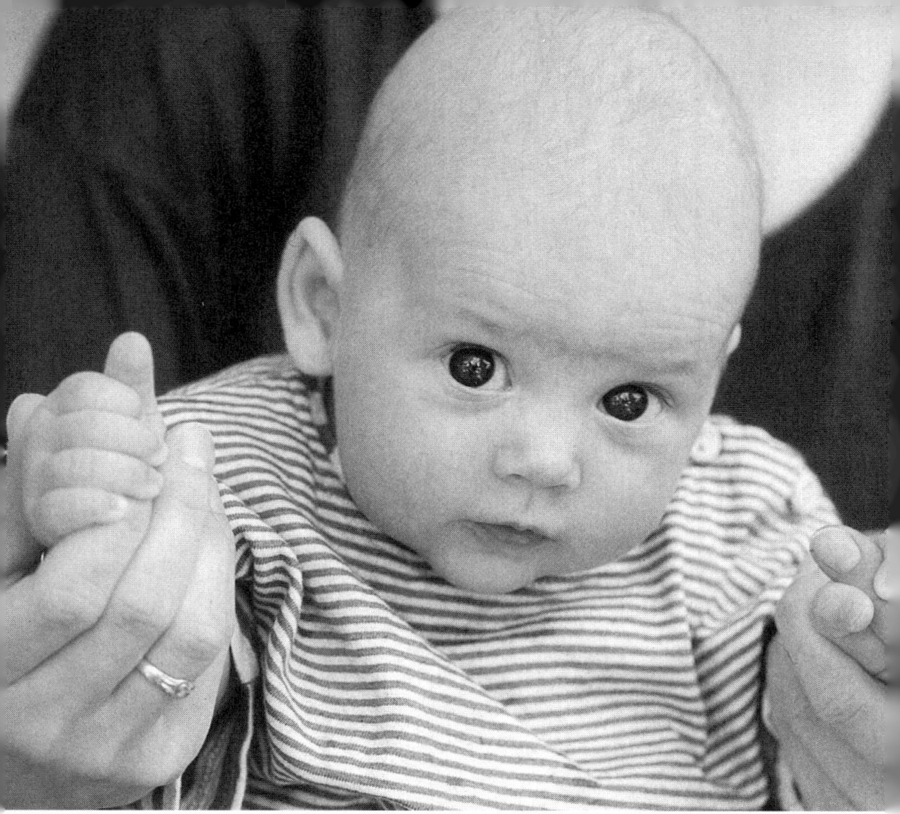

Die Entwicklung des Greifens gilt als Modellfall der kognitiven Entwicklung überhaupt. Festklammern gibt dem Säugling nicht nur Halt – und war damit zu Zeiten des Nomadentums unserer Vorfahren sicher nützlich bei der Überwindung langer Wegstrecken –, sondern hilft ihm auch, die Schwerkraft zu überwinden. Säuglinge ziehen sich am Finger der Mutter hoch. Der Griff ist so fest, dass die Fingerkuppen ganz weiß werden. Die Anstrengung ist deutlich im Gesicht abzulesen, die Stirn ist gerunzelt, der Blick angestrengt und kon-

Lucia hält sich vorsichtshalber gut fest, während Sabrina glücklich und stolz ist, dass sie sich schon an den Fingern ihrer Mutter im Stand halten kann.

zentriert. Schmale Lippen sind auch häufig ein Zeichen großer Anstrengung. Ein paar Monate später ist die Anstrengung deutlich geringer. Das spielerische Moment zeigt sich dann in einem gelösten und fröhlichen Gesichtsausdruck.

Hochziehen

Obwohl gesunde Kinder die einzelnen Entwicklungsschritte in der gleichen Reihenfolge durchlaufen, schwanken die Zeitpunkte doch von Kind zu Kind beträchtlich. Auch Kulturen unterscheiden sich hier offensichtlich. Afrikanische Babys aus Uganda laufen im Durchschnitt schon mit 10 Monaten, schwedische mit 12 und französische gar erst mit 13 Monaten. Das Einüben neuer Kompetenzen ist auch ein didaktisches Spiel zwischen Mutter und Kind. Mütter leiten ihre Säuglinge an, sie üben mit ihnen und erhöhen dabei ganz langsam die Anforderungen. Dabei spiegeln sie den Gesichtsausdruck des Kindes und stellen somit eine emotionale Verbindung her. Das Teilen der Gefühle schafft Nähe und Ver-

Sabrina lernt, dass ihre Mutter ihr hilft, Schwierigkeiten zu überwinden. Es ist für beide eine schöne Erfahrung.

trauen – und das gibt Sicherheit. Durch Üben und Erfahrung kann der Prozess des Laufenlernens nicht wesentlich beeinflusst werden. Interessanterweise wirken sich auch motorische Einschränkungen kaum auf diese Fähigkeiten aus. Bei den Hopi-Indianern in den USA, aber auch in Teilen Griechenlands, der Türkei und vielen anderen Ländern werden Säuglinge fest in Tücher oder auf Wickelbretter gewickelt. Über weite Strecken des Tages sind sie so verschnürt, dass sie keine Bewegungen machen können. Trotzdem fangen sie alle ohne Schwierigkeiten und Probleme zu dem entsprechenden Zeitpunkt an zu laufen. Diese Art des Wickelns scheint sich jedoch auf das Temperament auszuwirken. Die Kinder sind womöglich ruhiger, haben generell ein niedrigeres Aktivitätsniveau und sind in ihren Bewegungen langsamer.

Das Spiel zwischen Mutter und Kind ist auch ein Spiel von Erregung und Entspannung. Sabrinas Mutter beherrscht dieses Spiel sehr gut.

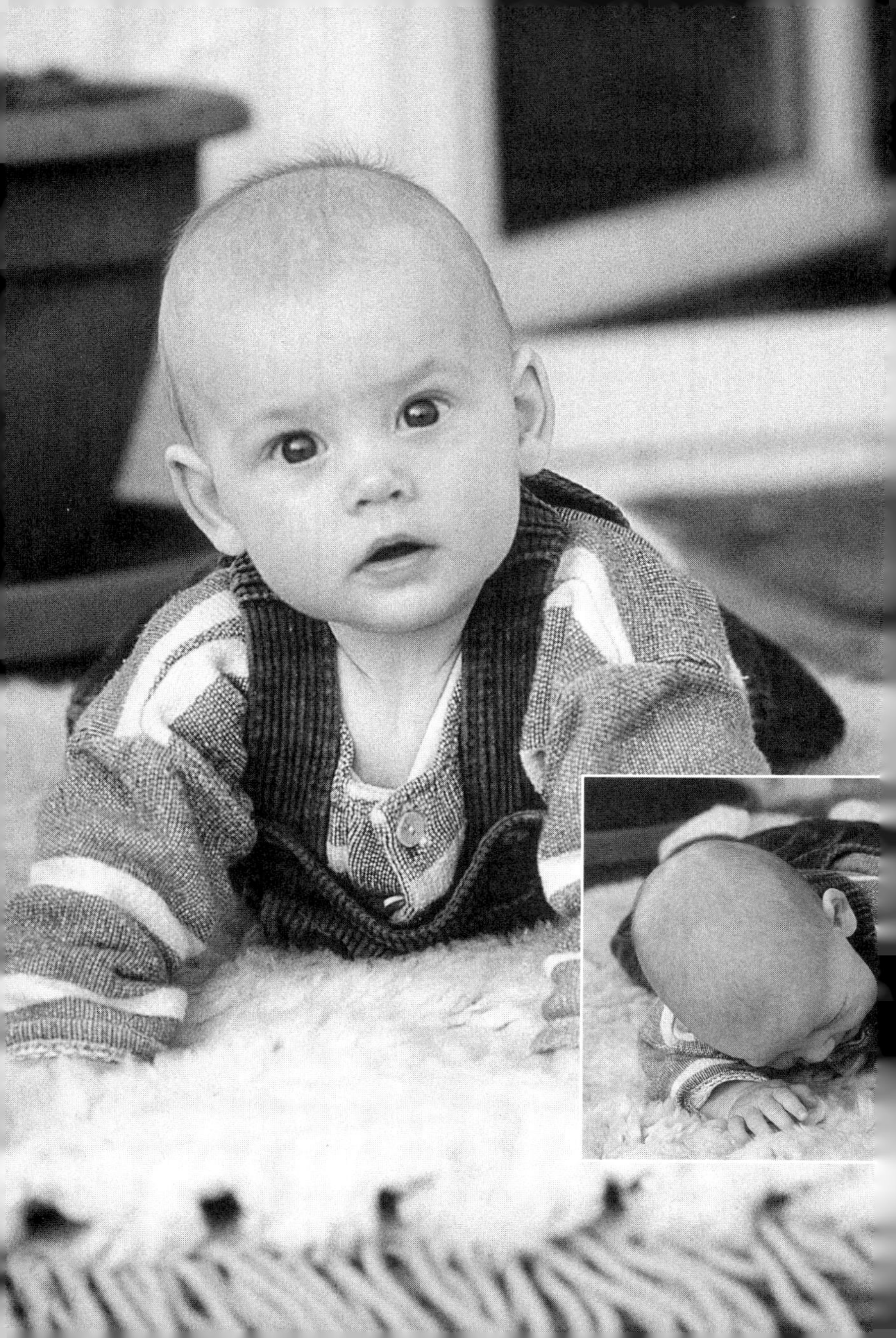

Krabbeln

Die grobmotorische Entwicklung in den ersten beiden Lebensjahren ermöglicht es dem Baby, von einem abhängigen, in diesem Sinne gar hilflosen Wesen zu einem aktiven Kind zu werden, das krabbeln, stehen, gehen und schließlich rennen kann. Die erste Form, sich fortzubewegen, besteht für die meisten Babys darin, auf dem Bauch zu liegen und sich mit den Armen vorwärts zu stoßen. Auf Händen und Füßen zu krabbeln erfordert bereits die Koordination von Beinen und Armen und taucht erst später auf.

Den Kopf heben zu können ist ein wesentlicher Entwicklungsfortschritt, da nun viele neue Eindrücke »sichtbar« werden. Das Kind muss nicht mehr warten, bis sich etwas zufällig in sein Blickfeld hineinbewegt, es kann vielmehr von sich aus aktiv und gezielt Kontakt zu seiner Umgebung aufnehmen. Dabei hilft ihm auch, dass es seine Bewegungen zunehmend besser steuern und sich beispielsweise durch Rollen in die Bauchlage bringen kann. Erst in dieser Position ist es möglich, den Kopf zu heben.

Wann einzelne Babys mit dem Krabbeln beginnen, variiert beträchtlich, nämlich zwischen fünf und zwölf Monaten. Einige wenige krabbeln auch gar nicht, sie rollen sich oder zeigen den »Bärengang«, das heißt, sie bewegen sich auf allen vieren, ohne dass Knie und Ellbogen den Boden be-

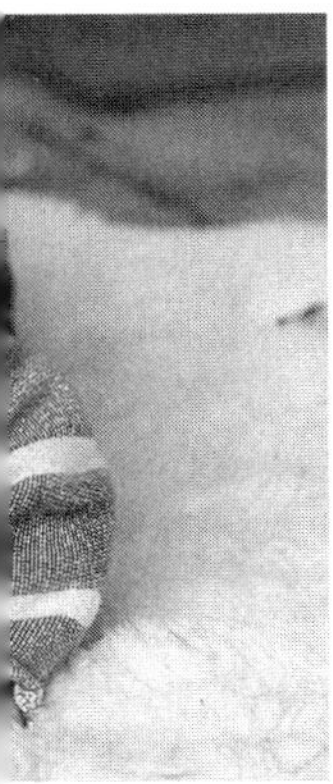

Lucia zeigt, wie anstrengend diese neuen Fertigkeiten sind. Sie weiß nicht so recht, wofür sie sich entscheiden soll: auf das Krabbeln konzentrieren oder doch lieber schauen?

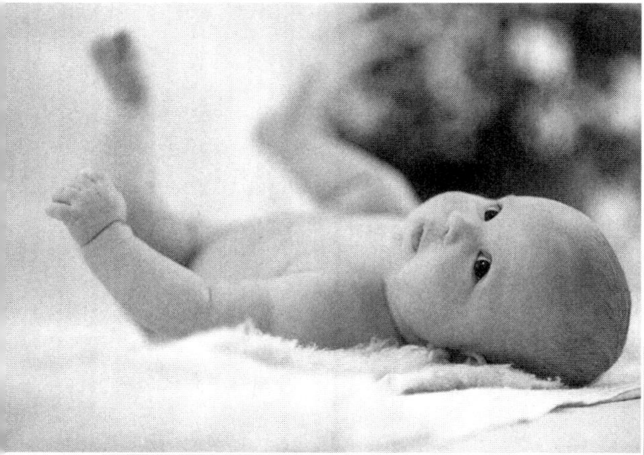

Lisa kann schon mit dem Körper Drehbewegungen ausführen, die es ermöglichen, die Bauchlage zu erreichen. Durch Anheben des Kopfes gelingt es nun, interessantes Neues zu entdecken.

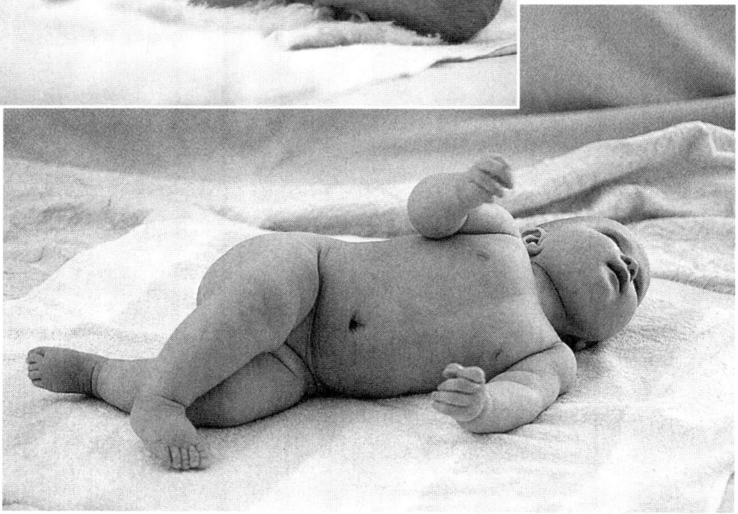

rühren, oder versuchen gleich, sich auf die Füße zu stellen und sich irgendwo entlangzuhangeln.

Durch das Krabbeln erweitern Babys ihren Aktionsradius beträchtlich. Sie müssen nicht mehr darauf warten, dass die Objekte in ihre Reichweite gelangen, sondern können sich darauf zubewegen. Diese Fähigkeit unterstützt ihr natürliches Explorationsverhalten und ihren angeborenen Neugiertrieb

beträchtlich. Die Objekte des Alltags sind dabei die bevorzugten Gegenstände des Interesses. Immer wieder ist es der Reiz, Effekte zu produzieren, etwas zu verursachen, was den Aktivitätsmotor am Laufen hält.

Die kindliche Neugier und der Wunsch, alles zu erforschen, legen in diesem Alter den Grundstein für das Wissen über die Welt. Durch die vielfältigen Umgebungsinformatio-

Sabrina ist sehr an der Objektwelt interessiert. Das Gras und die kleinen Steinchen sind genauso interessant wie die Wäscheklammern.

nen werden die ersten Bausteine für eine Identität mit den Orten der Kindheit erworben. Diese Identität führt später unter anderem zur Vorliebe von Bergen oder dem Meer, von städtischen oder ländlichen Gebieten. Sie wird im Wesentlichen durch die motorische Eroberung der Umgebung geprägt. Die Kreise, auf die sich der kindliche Forscherdrang richtet, werden dabei immer größer, und die ersten Persönlichkeitsunterschiede kommen zum Tragen. Kinder unterscheiden sich danach, ob sie sich sicher oder unsicher fühlen, ob sie ängstlich oder mutig sind, ob sie zögerlich im Umgang mit Objekten sind oder darauf zugehen, ob sie etwas wagen, oder ob sie lieber abwarten. Solche Differenzierungen stehen im Zusammenhang mit den frühkindlichen sozialen Erfahrungen.

Filip kann zwei Spiele miteinander kombinieren. Es macht ihm Spaß, aus eigener Kraft vorwärts zu kommen. Es ist aber auch schön, immer wieder von der Mutter zurückgeholt zu werden.

Kinder, die sich in ihren ersten Beziehungen sicher und geborgen fühlen, werden mutige kleine Eroberer sein. Damit gestalten sie ihre Entwicklung aktiv. Selbstbestimmte Aktivität unterstützt das Lernen. Kinder, die alleine durch ein Museum gehen, können hinterher viel mehr über das Geschehene berichten als Kinder, die an der Hand ihrer Eltern waren.

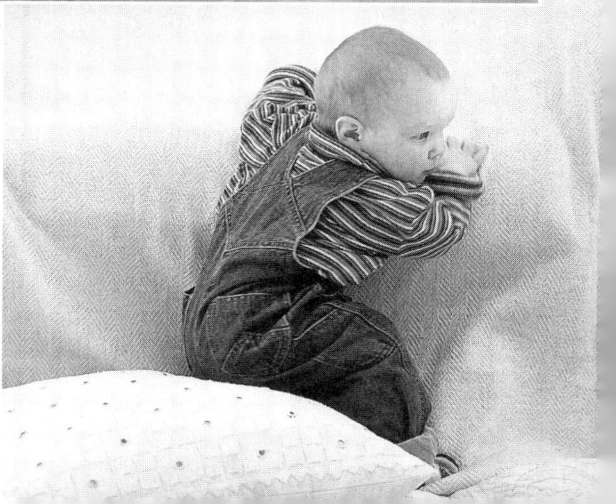

Viele Gegenstände können genutzt werden, um sich hochzuziehen und eine Position zu erreichen, aus der man mehr sehen kann.

Laufen

Bevor Kinder gehen können, ziehen sie sich oft an Gegenständen hoch, um zu stehen. Dadurch ergeben sich nochmals neue Blickperspektiven, die dem Kind wichtige Anregungen für seine weitere Entwicklung geben. Zunächst sind die Stehversuche noch sehr unsicher, und hinzufallen gehört zu den alltäglichen Erlebnissen. Die meisten Kinder tragen dies mit Fassung und lassen sich dadurch wenig beeindrucken. Hilfreich ist es dabei natürlich, sich an der Mutter oder dem Vater festhalten zu können, da die Hand des Erwachsenen auf jeden Fall Sicherheit bietet. Auch die ersten Schritte erfolgen meistens an der Hand der Eltern oder durch das Entlanghangeln an Gegenständen (wie beispielsweise einer Tischkante).

Filip macht seine ersten Gehversuche an der Hand seiner Mutter. Vom Gehen an der Hand ist es nicht mehr weit, bis Filip alleine laufen kann.

Treppensteigen

Mit zwei Jahren laufen und rennen die meisten Kinder schon recht gut. Manche gehen noch breitbeinig, um die Balance besser halten zu können. Sie können rückwärts gehen und Treppen steigen. Zunächst werden noch beide Beine auf eine Ebene gebracht, bevor es weitergeht, erst dann wird das abwechselnde Treppensteigen möglich. Manches Mal hilft auch die Unterstützung der Arme beim Weiterkommen.

Die meisten Kinder verfügen über eine natürliche Gabe, zwischen Sicherheit und Risiko abzuwägen. Sie bringen damit zwei Verhaltenstendenzen in Einklang: Angst vor Gefahr und Neugier auf das Neue. Kinder, bei denen die eine oder andere Tendenz sehr stark überwiegt, haben dafür jeweils ihre Gründe. Diese gilt es herauszufinden, damit die Kinder alle ihre Möglichkeiten nutzen und ihr Entwicklungspotenzial ausschöpfen können.

Wenn kleine Kinder so unternehmungslustig wie Yannick sind, dass sie alle Hindernisse überwinden möchten, dann ist die Gefahr, dass sie fallen und sich wehtun, natürlich besonders groß. Für die Eltern ist dies ein Balancieren zwischen Schutz und der Unterstützung der Bestrebungen nach Autonomie.

Ida ist müde geworden auf dem Weg nach oben und ruht sich aus. Tim möchte ihr gerne weiterhelfen und bemüht sich rührend um seine kleine Schwester.

Klettern

Kinder haben einen natürlichen Drang zum Hochklettern. Dies wird zuweilen auf die Entwicklung der Menschheitsgeschichte zurückgeführt. Es war von Vorteil, sich einen Überblick zu verschaffen und zu beobachten, ob sich Feinde nähern. Viele Tierarten haben zu diesem Zweck spezielle Wächterrollen entwickelt. Komplementär dazu ist es ein kindliches Bedürfnis zu beobachten, sich in eine schützende Ecke zurückzuziehen, sich den Blicken anderer zu entziehen, eine Höhle zu bauen. Auch hierin kann man vielleicht die menschliche Frühgeschichte wiedererkennen.

Neu im Verhaltensrepertoire auftauchende Kompetenzen werden mit »Funktionslust« geübt – sich zu bewegen und vielfältige motorische Kompetenzen zu erwerben ist ein wesentlicher Bestandteil des gesamten Entwicklungsgeschehens. Das Konzept, das Kinder von sich selbst entwickeln, ist zunächst wesentlich in solchen motorischen Erfahrungen begründet. Bewegliche Kinder sind im wahrsten Sinne des Wortes selbstsicherer als unbewegliche Kinder. Aber auch die kognitive Entwicklung hängt eng mit der motorischen zusammen. Viele Kinder bewegen sich heute nicht ausreichend, was zu vielerlei Problemen in der gesamten Entwicklung führt. In extremen Fällen wurde beobachtet, dass Kinder, die selten ins Freie kommen, nicht in der Lage sind, rückwärts zu gehen, was die meisten Kinder von Beginn des Laufens an ganz selbstverständlich können. Diese problematische Entwicklung wird zudem dadurch unterstützt, dass häufig den Kinderzimmern die Rolle von Spielplätzen zukommt. Betten

Die Holzleiter alleine raufzukrabbeln ist toll – auch wenn die Eltern das oftmals aus Angst mit sehr gemischten Gefühlen sehen.

sind zugleich Klettergerüste, Schaukeln hängen von der Decke, in Nischen werden Höhlen gebaut. So sehr vielleicht auch die Kreativität von Eltern und Kindern in solchen Bauten zum Ausdruck kommt, so sehr wird gleichzeitig der Aufenthalt im Freien eingeschränkt. Dabei wird häufig das Argument ins Feld geführt, dass der Außenraum zu gefährlich für kleine Kinder geworden ist. Natürlich birgt eine automobilisierte Gesellschaft viele Gefahren. Die Kinder in einem kindgerechten »Schutzbereich« ohne Gefahren aufwachsen zu lassen ist jedoch die falsche Reaktion. Das Kennenlernen von Gefahren und der natürliche Umgang damit muss Teil des alltäglichen Erziehungsprogrammes sein. Spätestens beim Eintritt in die Schule sind Kinder nicht mehr von der Umwelt abzuschirmen und stehen dieser dann häufig hilflos gegenüber. Die große Zahl von Unfällen mit Kindern im Straßenverkehr spricht eine deutliche Sprache. In anderen Ländern und Kulturen, in denen aus unserer Sicht zum Teil chaotische Straßen- und Verkehrsverhältnisse herrschen, passieren weit weniger Unfälle mit Kindern.

Wir versuchen, auch andere Gefahren von unseren Kindern fern zu halten. Wir möchten zum Beispiel nicht, dass sie Messer oder Scheren anfassen. In anderen Kulturen tragen und benutzen selbst ganz kleine Kinder selbstverständlich scharfe, zum Teil sehr große Messer, ja manchmal sogar Macheten. In der Regel verletzen sie sich nicht.

Der selbstverständliche Platz von Kindern im Alltag – und nicht die Ghettoisierung von Kindheit in speziellen Reservaten wie Kinderzimmern und Kinderspielplätzen – könnte hier möglicherweise helfen, eine Entwicklung zu unterstützen, die das gesamte Potenzial eines Kindes ausschöpft. In diesem Zusammenhang ist es vielleicht auch für Eltern wichtig, sich an ihre eigene Kindheit zu erinnern und diese Teil ihres Alltags sein zu lassen. Vielleicht erinnern Sie sich noch an den Spaß, den man bei dem Auskundschaften einer Baustelle hatte, deren Betreten natürlich strengstens untersagt war und ist.

Häufig projizieren Eltern ihre eigenen Ängste und Befürchtungen in das Leben ihrer Kinder hinein – mehr Vertrauen in sich selbst und in ihre Kinder wären hier ein lohnendes Entwicklungsziel.

Yannick möchte am liebsten hundert Mal an der Hand seiner Mutter die Stufen herunterspringen, so viel Spaß macht ihm diese neue Fertigkeit.

Gefühlsentwicklung und Gefühlsausdruck

Soziales Lachen

Schon ganz junge Säuglinge drücken eine Vielzahl von Gefühlen aus. Damit signalisieren sie ihre Befindlichkeit, geben den Eltern also auch Informationen über ihre Bedürfnisse. Gefühle begleiten aber auch zum Beispiel die Erkenntnisprozesse und verraten uns so auch etwas über die kognitive Entwicklung. Das Lächeln spielt eine ganz besondere Rolle in der Gefühlsskala, und das ist es, was die meisten Eltern am liebsten sehen. Das Lächeln sagt ihnen, dass ihr Baby zufrieden ist und sich wohl fühlt. Aus den eher schüchternen Lächelversuchen der ersten Tage wird das klare soziale Lächeln mit etwa sechs Monaten, besonders in Reaktion auf ein menschliches Gesicht. Schließlich beherrscht das Kind die gesamte Palette vom Lächeln bis zum Lachen. Im Entwicklungsverlauf zeigt sich weiterhin, dass Säuglinge am Anfang auf vertraute wie fremde Personen gleichermaßen mit einem Lächeln reagieren. Erst später findet sich eine eindeutige Unterscheidung zwi-

Ein lächelnder Säugling löst Freude aus, nicht nur bei den Eltern, die dadurch allerdings besonders angesprochen werden.

schen vertrauten und unbekannten Gesichtern. Mit einem Lächeln reagieren Kinder nun vor allem bei Gesichtern, die sie wiedererkennen, während sie fremden Personen zunächst neutral, später mit deutlichen Zeichen der Abwehr und negativen Gefühlen begegnen. Die Unterscheidung zwischen bekannten und unbekannten Personen wird damit zunehmend deutlicher auch an den Gefühlsreaktionen des Säuglings erkennbar. Die Entwicklung des Gefühlsausdrucks wird immer differenzierter, und damit werden auch die Unterschiede zwischen den Kindern größer.

Nicht alle Kinder können so ausgelassen fröhlich sein wie Lisa. Der Gefühlsausdruck ist dabei nicht nur von Kind zu Kind unterschiedlich, sondern auch stark von der Komplexität, Neuheit oder Klarheit der Situation abhängig. Die unterschiedlichen Facetten machen die Gesichter unterschiedlich leicht lesbar und können damit ein angemessenes Reagieren erleichtern oder erschweren.

Marie, Leonie und Lisa zeigen ein breites Verhaltensspektrum von verhaltenem Lächeln bis zum herzhaften und fröhlichen Lachen.

Gesichtsausdruck

Lächeln wird durch unterschiedliche Situationen ausgelöst. Säuglinge lächeln besonders gern die vertrauten Personen ihrer Umgebung an. Sie lächeln aber auch, wenn sie eine Verbindung zwischen ihrem Verhalten und Ereignissen in der Umgebung herstellen können. Dies lässt sich so interpretieren, dass das Kind sich freut, einen Zusammenhang zwischen eigenem Handeln und einem eingetretenen Effekt zu sehen. Das Kind hat selbst etwas verursacht, etwas »bewegt« und empfindet darüber Stolz.

Säuglinge können schon sehr früh, nämlich etwa mit drei Monaten, Gesichtsausdrücke anderer Menschen unterscheiden. Der Gesichtsausdruck der Mutter wird für sie zu einer wichtigen Informationsquelle. Sie differenzieren beispielsweise zwischen einem fröhlichen und einem neutralen bzw. einem negativen (wütenden oder ärgerlichen) Gesichtsausdruck. Man erkennt dies daran, dass Kinder eindeutig einen freundlichen Gesichtsausdruck präferieren, wenn ihnen Bilder mit unterschiedlichen Gesichtsausdrücken dargeboten werden. Sie schauen dann häufiger und länger auf Bilder mit positiven

Lachen und Freude können nicht nur durch die Mundpartie ausgedrückt werden wie bei Marie, auch die Augen können Freude signalisieren – selbst wenn Elenas Mund nicht zu sehen ist.

Julias Überraschung tendiert nun schon nach Skepsis. Das zeigt sich u. a. an ihrem fast geschlossenen Mund.

Gesichtsausdrücken. Später (mit etwa vier bis neun Monaten) können sie ihre eigenen Gefühle auf die wahrgenommenen Gefühle anderer einstellen und reagieren beispielsweise mit Weinen, wenn sie die Mutter oder andere Bezugspersonen traurig sehen: Die wahrgenommenen Emotionen übertragen

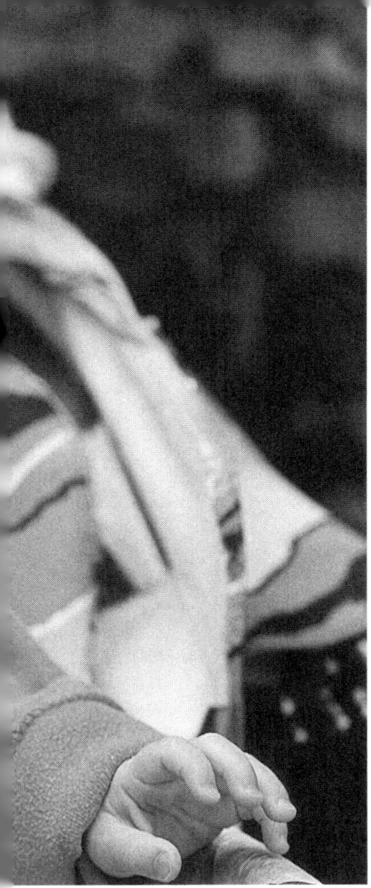

sich also auf das Kind. Wenn dieser Entwicklungsschritt erreicht ist, können Kinder die Gefühle anderer als Hinweis für eigenes Handeln interpretieren. Sie verstehen beispielsweise einen ängstlichen Gesichtsausdruck bei einer anderen Person als Warnung für das eigene Verhalten und meiden deshalb die mögliche Gefahrenquelle.

Am Anfang ist die Beziehung zwischen dem Gefühlsausdruck und dem erlebten Gefühl noch sehr eng. Wenn das Kind durch seine Mimik Freude zum Ausdruck bringt, dann kann man davon ausgehen, dass es in der Tat auch Freude erlebt. Im zweiten Lebensjahr wirkt der soziale Kontext dann zunehmend steuernd, der Gefühlsausdruck kann jetzt schon manipuliert werden. Dadurch wird die Beziehung zum erlebten Gefühl weniger eindeutig, und Rückschlüsse vom Gesichtsausdruck auf das tatsächliche Erleben werden unsicherer.

Ärger, Abscheu, Freude, Überraschung und Trauer stellen emotionale Grundmuster dar. Neue Situationen und überraschende Vorgänge erfordern eine schnelle Bewertung und

emotionale Stellungnahme. Dabei treten Kinder häufig erst einmal auf die Gefühlsbremse – sie verharren im Tun und erstarren in ihrer Motorik. Julia hält in der Bewegung inne, was man sehr gut an ihrem Händchen ablesen kann. Auch Marie äußert ihre Überraschung in ihrem Gesichtsausdruck und in ihrer Gestik.

Sobald Kinder dazu in der Lage sind, Emotionen gezielt einzusetzen, können sie Gefühlausdrücke nutzen, um damit bestimmte Ziele zu erreichen. Ein Kind kann beispielsweise noch lauter weinen, um auf eine Verstimmung aufmerksam zu machen. So weinen Kinder auch nach kleineren Verletzungen (zum Beispiel nachdem sie gestürzt sind) häufig unverhältnismäßig heftig, um damit die Aufmerksamkeit anderer

Auch nachdenkliche Blicke, wie sie diese Bilder zum Ausdruck bringen, finden sich nicht nur bei Erwachsenen, sondern auch schon bei Kindern.

Personen auf sich zu lenken und Trost zu erhalten. Ebenso sind Kinder nun in der Lage, ihr Lächeln und ihren ganzen Charme einzusetzen, um ein geliebtes Spielzeug oder eine Süßigkeit zu bekommen. Gefühle sind dadurch nicht mehr nur Ausdruck eigenen Empfindens, sondern erhalten eine neue Funktion als Mittel, ein bestimmtes Ziel zu erreichen.

Auch erste Strategien zum Umgang mit emotional belastenden Situationen lassen sich nun erkennen. So sind Kinder häufig schon frühzeitig in der Lage, Erwachsene ganz gezielt abzulenken, um einer Konfrontation mit unangenehmen Situationen oder Themen zu entgehen.

Weinen

Weinen ist ein intensives und deutliches Signal, mit dem Säuglinge von Geburt an Unbehagen signalisieren können. Das kindliche Weinen hat dabei einen hohen Aufforderungscharakter. Dies zeigt sich beispielsweise daran, dass man sich nicht an das Weinen eines Säuglings gewöhnen kann. Selbst den tropfenden Wasserhahn, der zunächst die Aufmerksamkeit auf sich lenkt und als störend empfunden wird, hört man nach einer Weile nicht mehr. Dies gilt aber nicht für das Weinen eines Säuglings, das für den Erwachsenen auch nach längerer Zeit immer mit der unausgesprochenen Aufforderung verbunden bleibt, etwas für das weinende Kind zu tun.

Das Weinen des Säuglings ist ein variables Instrument, mit dem viele verschiedene Gefühlslagen von Anfang an ausgedrückt werden können. Eltern lernen schnell zu unterscheiden, ob es Hunger, Müdigkeit oder Langeweile ist, die den Säugling zum Weinen bringt. Aber auch Zorn und Unmut lassen Säuglinge weinen oder besser gesagt schreien. Dann ist ihre Stimmlage noch höher, und die motorische Erregung zeigt

Weinende Säuglinge lösen bei Erwachsenen Unterstützungsbereitschaft aus. Diese Bilder von Lucia zeigen die unterschiedlichen Intensitäten des Weinens.

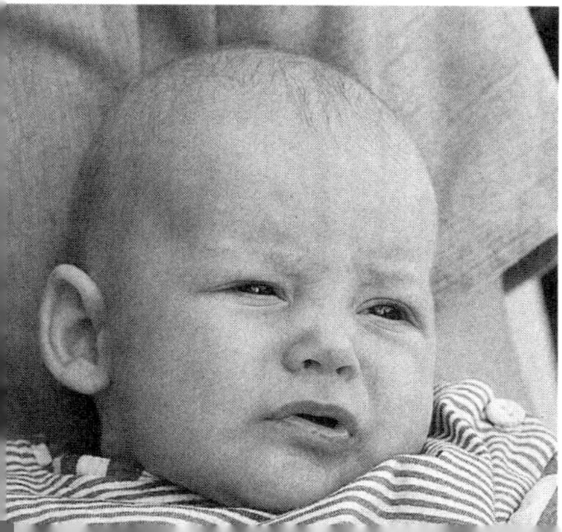

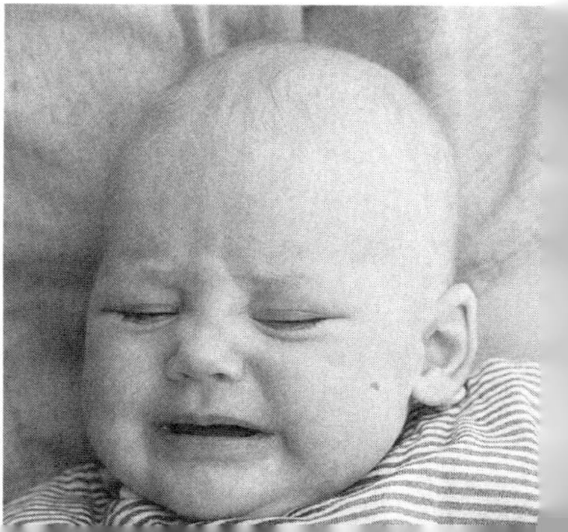

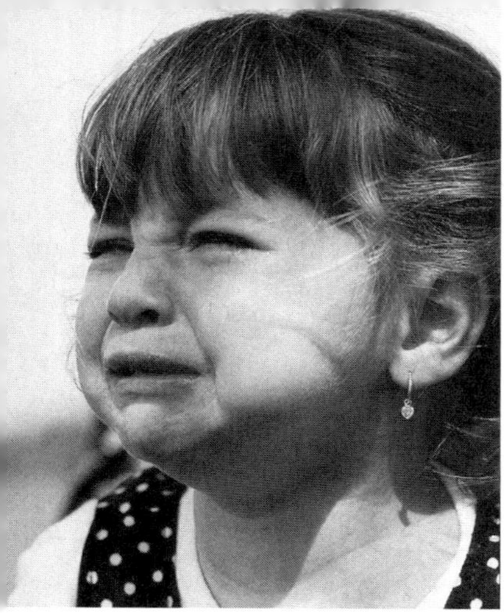

Lisa zeigt ein typisches »Weingesicht« mit zusammengekniffenen Augen, nach innen gezogenen Augenbrauen und der verzogenen Mundpartie.

sich in der Körperspannung, die bis zu einem körperlich erkennbaren Zittern ansteigen kann. Dies ist für Eltern eine häufig schwierig zu bewältigende Situation, besonders dann, wenn sich die Säuglinge nur schwer beruhigen lassen.

Babys unterscheiden sich in dem Ausmaß der Irritierbarkeit. Dies wird im Zusammenhang mit Temperamentsunterschieden zwischen Kindern gedeutet. Dabei können verschiedene Ursachen zugrunde liegen, wobei auch der Schwangerschaftsverlauf wichtig sein kann.

Im Verlaufe der Entwicklung wird die Regulationsmöglichkeit von Gefühlen größer. Die Wirkung äußerer Barrieren wird aber auch deutlicher. Die Blockade einer vorgenommenen Handlung, das Nicht-Erreichen eines Zieles, das Verweigern von Nicht-Erwünschtem stellen kleine Katastrophen dar, die von heftigen Gefühlsausbrüchen begleitet sind. Mit Zorn und Wut umgehen zu lernen ist eine Entwicklungsaufgabe der Vorschulzeit. Auch die Trotzphase ist vor diesem Hintergrund zu sehen: Das Kind entdeckt in verstärktem Maße seine eigenen Bedürfnisse und Wünsche und versucht, sie durchzusetzen. Es muss gleichzeitig lernen, in größerem Umfang auch mit Versagungen umzugehen, da nicht alle Wünsche auf Gegenliebe stoßen.

Tränen

Elena demonstriert einen weiteren Entwicklungsfortschritt auf dem Wege der Affektregulation. Sie kann das laute Weinen und das typische Weingesicht schon unterdrücken. Lediglich die Träne bahnt sich ihren Weg und zeigt an, dass in ihrem Kopf weit mehr vorgeht, als ihr Gesicht ahnen lässt. Nicht jedes Gefühl wird nun mehr unmittelbar offenbart. Alleine eine schwierige Situation bewältigen zu können ist ein weiterer wichtiger Schritt in die Selbständigkeit. Gerade aufgrund der hohen Unterstützungsbedürftigkeit, die ein Kind in den ersten Lebensjahren erlebt, ist es wichtig, erstmals in einigen Bereichen ein Selbstständigkeitserleben zu entwickeln. Dies gelingt um so mehr, je besser ein Kind seine Körperbewegungen koordinieren kann und je größer der Aktionsradius eines Kindes durch seine Motorikentwicklung wird.

Die Träne unter dem Auge von Elena signalisiert Trauer, obwohl sie ein offenes Weinen unterdrückt. Ida ist enttäuscht, frustriert – gleich wird sie anfangen zu weinen.

Trost

Trauer und auch Zorn lassen sich am ehesten in der schützenden Nähe der Mutter verarbeiten; das setzt jedoch Vertrauen voraus. Kinder, die dieses Vertrauen zu ihren Müttern in der Säuglingszeit nicht entwickelt haben, vermeiden in solchen Situationen die Mutter, wehren sie ab und attackieren sie zuweilen sogar. Vertrauen entsteht, wenn Kinder sich darauf verlassen können, dass ihre Signale erkannt und richtig inter-

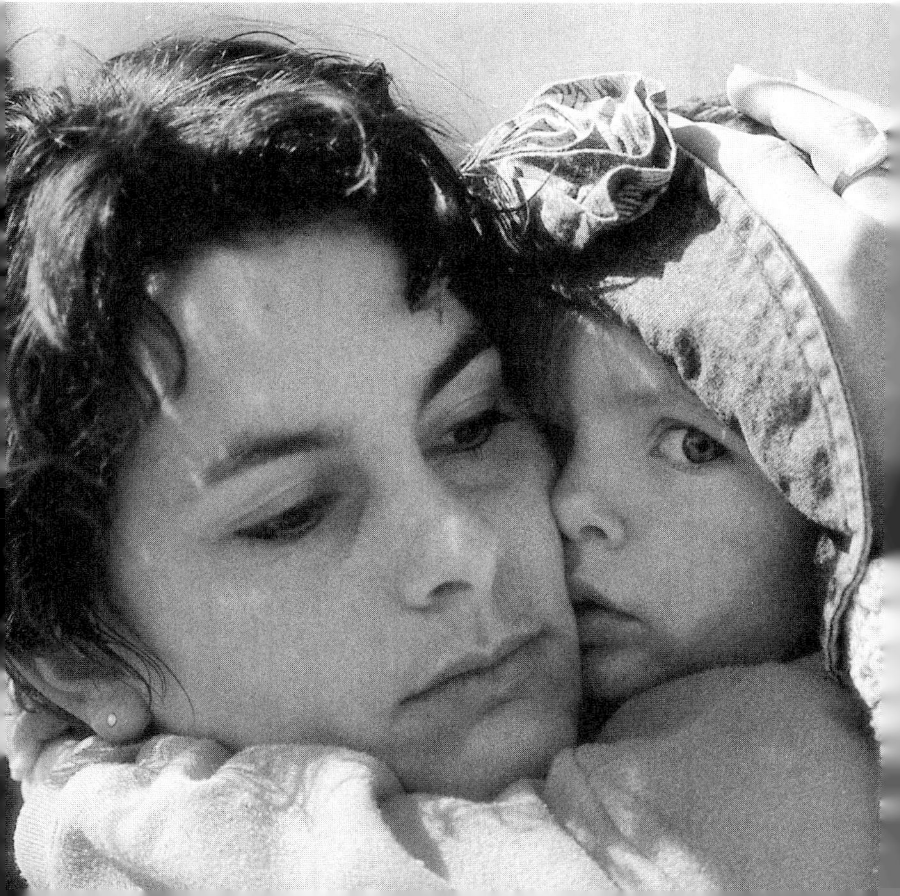

pretiert werden und dass danach konsequent eine prompte und angemessene Reaktion erfolgt. Ein Kind, das weiß, dass auf seine Bedürfnisse reagiert wird, lernt, dass es sich auf seine Umgebung verlassen kann, und entwickelt Vertrauen.

Die weinende Lisa erhält Trost von ihrer Mutter. Ihre Nähe und ihr Zuspruch werden die Stimmungslage bald wieder ändern.

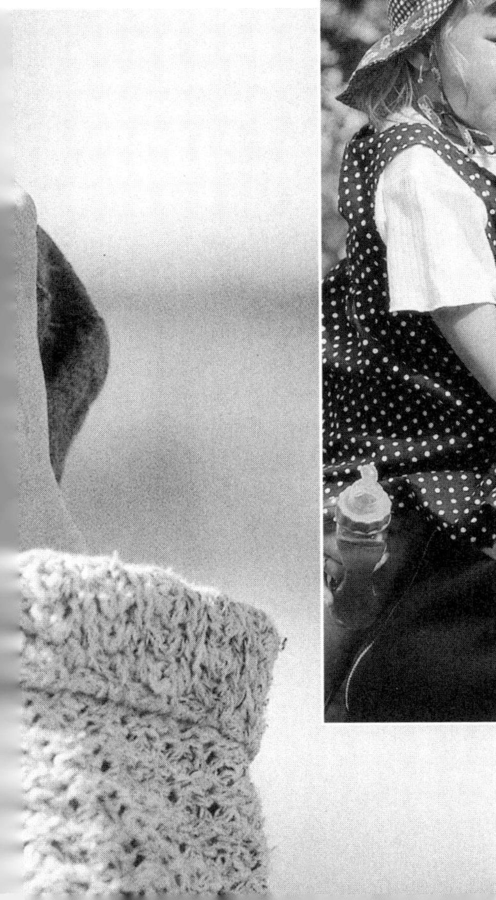

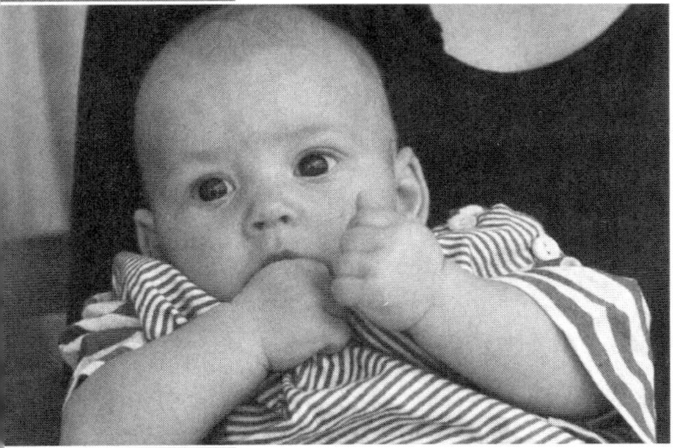

Auch Lucia signalisiert durch ihre großen und weit geöffneten Augen Interesse an ihrer Umgebung und zeigt dadurch eine erhöhte Aufmerksamkeit an.

Aufmerksamkeit

Interesse reguliert das Verhalten und stellt Beziehungen zu Objekten her. Es kann als ein grundlegender Affekt verstanden werden, der zwischen den inneren Bedürfnissen und Gefühlen einerseits und der Außenwelt anderseits vermittelt. Interesse ist mit vielen anderen Gefühlen und Denkstrukturen verbunden. Interesse lenkt die Aufmerksamkeit auf bestimmte Objekte und vermeidet andere. In den ersten Lebenswochen wecken vor allem Bewegungen das Interesse eines Säuglings, und so verfolgt er in der Regel ein sich bewegendes Objekt mit den Augen, wenn es in sein Gesichtsfeld gerät. Aber auch bestimmte Farben, Formen und Muster werden

Die großen Augen und der geöffnete Mund von Lisa weisen auf Erstaunen hin. Alles andere hat dadurch an Bedeutung verloren, der Blick ist durch das Neue und Unerwartete gefangen.

Auch kleine Gegenstände stoßen zunehmend auf Interesse, wie Lisa demonstriert. Jede Umgebung bietet eine Fülle von Objekten, die intensiv untersucht werden wollen.

Linus hat die Faszination eines Kreidestückes entdeckt. Körperkontrolle, Greifen und die unbedingte Ausrichtung der Aufmerksamkeit wirken zusammen.

Sitzen und später auch laufen zu können bietet eine ganze Reihe neuer Anregungen, um Erfahrungen zu sammeln. Schon durch die Erweiterung des Gesichtsfeldes kommt eine Vielzahl bisher unbekannter Eindrücke zustande.

mit besonderer Aufmerksamkeit betrachtet. Interesse führt auch zum Staunen über das, was so alles passiert.

Die Aufmerksamkeit eines Kindes ist in den ersten Lebensjahren jeweils auf ein Objekt oder eine Situation ausgerichtet. Dabei tritt das Interesse an der vorigen Tätigkeit ganz in den Hintergrund. Wichtig ist, was hier und jetzt geschieht. Ein kleines Kind hat noch wenig Möglichkeiten, Geschehnisse aus seiner Umgebung einzuordnen, denn es verfügt erst über wenige gedankliche Kategorien, die ein Verständnis für seine Umgebung erlauben. Da Einordnungskategorien fehlen, kann auch nur wenig längerfristig behalten werden. Es zählt hauptsächlich das, was in der Gegenwart geschieht. Vergangenheit und Zukunft haben noch keine Bedeutung. Dementsprechend ist auch die Verknüpfung von Informationen aus verschiedenen Zusammenhängen erst sehr viel später möglich.

Im Laufe der Entwicklung lernen Kinder, sich nach der Blickrichtung anderer zu orientieren. Sie schauen ebenfalls dorthin, weil sie erwarten, dort etwas Interessantes zu entdecken.

Die geteilte Aufmerksamkeit ist ein wesentlicher Verhaltensbereich im Umgang mit Säuglingen ab der zweiten Hälfte des ersten Lebensjahres. Die Mutter betrachtet das Geschehen, das das Kind beobachtet, mit der gleichen Intensität. Das zeigt sich auch in ihrer Mimik. Sie teilt die Gefühle ihres Kindes und bietet ihm damit auch emotionale Wärme und Geborgenheit.

Auch Kinder zeigen diese elterlichen Verhaltensweisen im Umgang mit Säuglingen. Der Körperkontakt, die auf der

Schulter ruhende Hand unterstreichen das Besondere an der Situation.

Geteilte Aufmerksamkeit löst das intensive Blickkontaktverhalten zwischen Mutter und Kind in den ersten Lebensmonaten ab. Die Aufmerksamkeit des Kindes richtet sich nun verstärkt auch auf die Umgebung, ohne dass dabei der intensive Kontakt zur Mutter verloren geht. Die unmittelbare Nähe der Mutter erleichtert es, dabei die Aufmerksamkeit auf die Umgebung zu lenken.

Sozialentwicklung

Die Rassel hat bei Luis gerade etwas von ihrer Anziehungskraft verloren. Vor allem auf jüngere Säuglinge wirkt das selbsterzeugte Rasselgeräusch faszinierend, während später auch andere Handlungsmöglichkeiten mit der Rassel entdeckt werden.

Erforschen und Entdecken

Durch den Forscherdrang, den kleine Kinder an den Tag legen, entdecken sie allmählich viele Funktionen, die Objekte haben. Luis hat herausgefunden, dass sich mit einer Rassel Geräusche erzeugen lassen. Er wird nicht nur nach ihr greifen, sondern sie auch schütteln, um damit interessante Effekte zu erzielen. Häufig werden diese Handlungen viele Male wiederholt, und das Kind freut sich über die selbsterzeugten Effekte, was sich häufig an einem begleitenden Lächeln zeigt. Dazwischen hält es inne und schaut, was seine Mutter von seinem Tun hält. In der nächsten Entwicklungsphase beginnen Säuglinge, Objekte systematisch zu erforschen, das heißt herauszufinden, was man mit einem Gegenstand alles tun kann. Sie nehmen die Rassel dann nicht nur in die Hand, sondern auch in den Mund. Sie klopfen damit auf andere Gegenstände, werfen sie weg und holen sie sich wieder zurück. Die Handlungsmöglichkeiten mit einem Gegenstand vervielfältigen sich. Die Kinder entdecken und lernen nun auch selbständig Neues, über das sie zuvor nicht verfügt haben. Dabei löst sich das Denken allmählich vom Handeln: Kinder können sich nun auch in Gedanken vorstellen, was geschehen wird, wenn sie etwas Bestimmtes tun. Sie wissen beispielsweise, dass der Teddy hinfällt, wenn er losgelassen wird, ohne dies zunächst ausprobieren zu müssen.

Lisa zeigt bereits ein recht komplexes Verhalten: Sie richtet ihren Pinocchio so aus, dass es (zumindest in ihrer Vorstellung) dasselbe sehen kann wie sie selbst.

Verhaltensaustausch

Säuglinge können einen intensiven Verhaltensaustausch nur mit einer Person gleichzeitig betreiben. Ihr wesentlicher Kommunikationskanal, der Blickkontakt, kann nicht auf mehrere Personen verteilt werden, und deshalb kommunizieren sie mit der Person, die sich gerade in ihrem Blickfeld befindet. Es lässt sich zeigen, dass Säuglinge in den ersten Lebenswochen verschiedene Gesichtspartien (wie Nase, Mund, Augen, Kinn) gleichermaßen betrachten, dass aber spätestens bis zum Alter von drei Monaten die Augen des Gegenübers eine besondere Bedeutung erhalten. Der gerade in diesem Altersabschnitt häufigere Blickkontakt ist mit einer erhöhten Aufmerksam-

keit seitens des Säuglings verbunden. Dies bedeutet gleichzeitig, dass Verhaltensweisen wie Weinen oder Quengeln nachlassen. Der Säugling wendet sich intensiv seinem Gegenüber zu, um mit ihm Kontakt aufzunehmen. Damit werden zum einen bestehende Sozialbeziehungen ausgebaut und gefestigt, zum anderen trägt der intensive Kontakt dazu bei, sich allmählich individuelle Gesichtszüge anderer Personen (vor allem aus dem unmittelbaren sozialen Umfeld) einzuprägen.

In anderen Kulturen haben Säuglinge teilweise Kontakt mit viel mehr Personen als nur mit Mutter, Vater und Geschwistern. Sie werden von Arm zu Arm gereicht. Blickkontakt ist dabei eher selten. Solche unterschiedlichen Sozialisationsmuster lassen sich aber nur sehr schwer miteinander vergleichen, und auch ihre Bedeutung für die spätere Entwicklung des Kindes muss gegenwärtig noch offen bleiben.

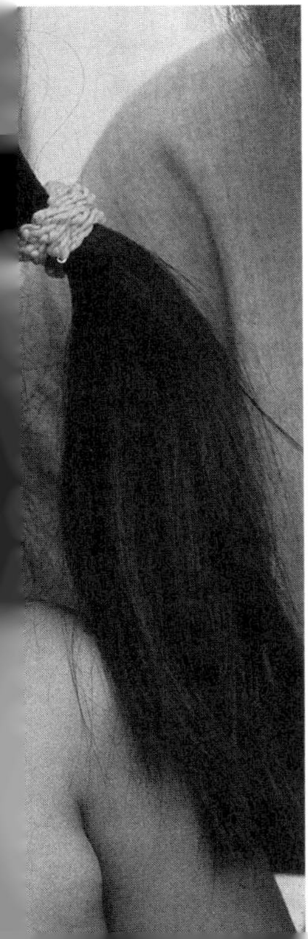

Neben der eigentlichen Tätigkeit richten sich die Blicke von Hannah bereits auf ihre Mutter. Das Trinken geschieht ohne bewusstes Zutun, es bleibt genügend Kapazität, um die Aufmerksamkeit auf anderes zu lenken.

Ein Augengruß der Mutter erhöht die Bereitschaft von Sabrina, Blickkontakt aufzunehmen; dieser wird häufig durch positive Verhaltenssignale (wie beispielsweise Lächeln) begleitet.

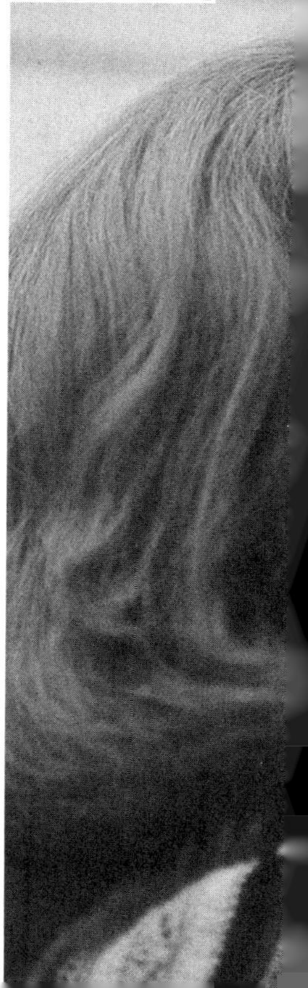

Blickkontakt

Erwachsene suchen in den ersten Lebensmonaten den Blickkontakt mit Säuglingen, da sie fühlen, dass dies für das Kind eine wichtige Lernsituation darstellt. Intuitiv regulieren sie den Augenabstand auf eine Distanz von 20 bis 30 cm, in der auch junge Säuglinge scharf sehen können. Ist der Blickkontakt hergestellt, heißen die Erwachsenen den Säugling mit dem typischen Grußgesicht willkommen (dies tun Mütter auf der ganzen Welt): Sie neigen den Kopf leicht nach hinten, öffnen den Mund und ziehen die Augenbrauen nach oben. Dadurch wird es dem Säugling erleichtert, die Augenpartie der Mutter zu erkennen. Die Aufmerksamkeit wird auf die Augen gelenkt, um damit die Voraussetzungen zur Blickkontaktaufnahme zu schaffen. Durch Wegschauen zeigen Säuglinge, dass sie müde sind, dass es ihnen zu viel wird oder dass sie sich unbe-

Wenn Kinder sich unsicher oder ängstlich fühlen, suchen sie die Nähe der Eltern. Auf den Armen der Eltern fühlen sie sich geborgen – aber auch das Umfassen der Beine kann ausreichend sein.

haglich fühlen. Mütter und Väter registrieren dies in der Regel sehr genau.

Die Eltern bilden in der Regel eine schützende Basis für Kinder, zu der sie sich zurückziehen können, wenn sie sich unsicher oder ängstlich fühlen. Von dieser Basis aus erkunden sie allmählich die Umgebung, immer in der Gewissheit, sich bei tatsächlicher oder vermeintlicher Gefahr zurückziehen zu können. Bei ihren Erkundungen rückversichern sie sich immer wieder durch Blicke zum Vater oder zur Mutter, dass diese in der Nähe sind. Ermunternde Gesichtsausdrücke der Eltern zeigen dem Kind, dass es unbesorgt in seiner Tätigkeit weitermachen kann, während erschreckte und ängstliche Blicke das Kind innehalten und zurückkehren lassen. Dies kann soweit gehen, dass sich das Kind anklammert. Erst allmählich erweitert das Kind seinen Aktionsradius und lässt auch größere Distanzen zu den Eltern zu.

Von Mutters Schultern aus lässt es sich gut erkunden. Schon der ungewohnte Blickwinkel lässt manches in anderem Licht erscheinen.

Körperkontakt

Körperkontakt besteht aus Berührung und Wärme. Aus der Entwicklung der Menschheitsgeschichte haben wir dieses Grundbedürfnis bis heute erhalten. In Angst auslösenden Situationen flüchten sich kleine Kinder am liebsten in die körperliche Nähe der Mutter. Sich an ihrem Körper auszuruhen, das gibt Kraft für neue Abenteuer. Die Mutter ist die sichere Basis, von der aus auch beunruhigende Geschehnisse in Ruhe betrachtet werden können. Kinder haben beispielsweise am Anfang noch vielfach Ängste im Umgang mit Tieren, mit denen sie noch keine Erfahrungen haben (wie bellenden Hunden oder Katzen). Die Ängste verringern sich, wenn die Eltern in der Nähe sind und durch ihr eigenes Verhalten (beispielsweise durch Streicheln der Tiere) anzeigen, dass kein Grund zur Besorgnis besteht.

Körperkontakt zu haben ist ein sehr wichtiges Bedürfnis von Kindern, um emotional »aufzutanken«. Lisa schmiegt sich an ihre Mutter und fühlt sich dort sichtlich wohl.

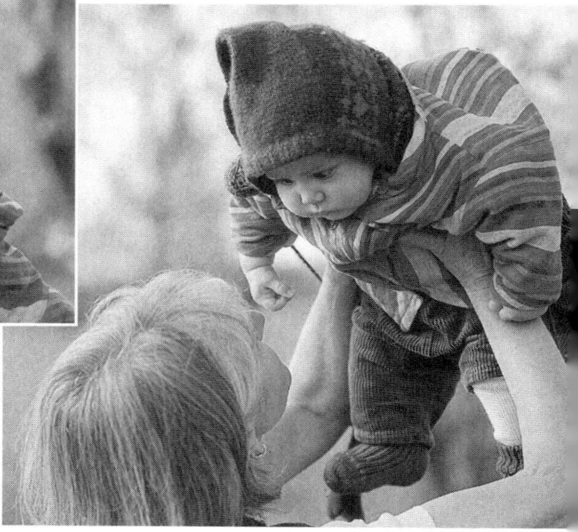

Fremdeln

Die körperliche Nähe fördert aber nur bei vertrauten Personen die Sicherheit. Die fremde Frau wirkt bedrohlich und Angst auslösend. Lucia kann der Situation nicht ausweichen, erschrickt furchtbar und wendet sich ab.

Fremde Männer wirken noch angsteinflößender auf Säuglinge als unbekannte Frauen. Eine Bedrohung wird umso stärker empfunden, je stärker die fremde Person vom Aussehen der vertrauten Personen abweicht. So kann beispielsweise der Bart eines Mannes extrem Furcht einflößend sein, wenn ein Kind bisher keinen Kontakt mit bärtigen Männern hatte.

Auf die betroffenen Erwachsenen wirkt dieses Verhalten der Kinder oft befremdlich, da sie doch offenbar nichts dazu beigetragen haben, eine derartige (oft recht extreme) Angstreaktion auszulösen. Hinzu kommt, dass es lange dauert, bis das Kind sich beruhigt und Zutrauen zu der fremden Person fasst.

Kinder lösen dagegen am wenigsten Ängste aus. Es kommt praktisch nicht vor, dass Säuglinge oder kleine Kinder bei anderen Kindern Fremdelreaktionen zeigen. Hier fassen sie oft

Von einer ihr unbekannten Frau hochgehoben, fühlt sich Lucia sichtlich unwohl. Die Anspannung steigt, das Gesicht verzieht sich zu einem Weinen. Selbst ein freundliches Anlächeln hilft in dieser Situation nicht viel.

schnell Zutrauen und versuchen – teilweise sogar aktiv –, Kontakt aufzunehmen. Dies weist darauf hin, dass Kinder bereits früh in ihrer Entwicklung zwischen Erwachsenen und Kindern unterscheiden können und mit unterschiedlichem Verhalten reagieren. Die Phase des Fremdelns beginnt etwa im Alter von sechs bis acht Monaten und kann sich bis in das zweite Lebensjahr hinein weiter fortsetzen. Auch Verwandte und Bekannte, die nur selten zu Besuch kommen und dem Baby entsprechend fremd sind, sollten darauf Rücksicht nehmen. Dieses Verhalten ist allerdings nicht bei allen Kindern gleichermaßen stark ausgeprägt.

Verunsicherung

Kleine Kinder sind häufig Situationen ausgesetzt, in denen sie von unvertrauten Menschen und Dingen umgeben sind, zum Beispiel im Supermarkt. Ist die Mutter nicht in der Nähe, wirkt vielleicht die Flasche beruhigend. Säuglinge haben in der Regel schon früh gelernt, dass Saugen (sei es an der Brust oder an der Flasche) eine beruhigende und sogar einschläfernde Wirkung hat. Es ist daher nahe liegend, dass Saugen auch in verunsichernden Situationen meist recht gut hilft. Eltern geben ihren Säuglingen daher nicht selten einen Schnuller, den sie als Ersatz für das Saugen an Flasche oder Brust benutzen können. Ein (beispielsweise mit Tee) gefülltes Fläschchen zu diesem Zweck einzusetzen hat sich allerdings als wenig vorteilhaft erwiesen, da längerfristig Zahnschädigungen die Folge sein können. Dies wird durch die häufige Veränderung der natürlichen Flüssigkeit, die die Zähne im Mund umspült, erklärt.

Neben dem Saugen verfügen bereits kleine Kinder über vielfache Möglichkeiten, mit verunsichernden Situationen

Im Einkaufswagen zu sitzen kann bedeuten, immer wieder auch kurz allein zu sein, wenn die Mutter oder der Vater etwas aus einem Regal holt. Hier hilft eventuell das Fläschchen, die Wartezeiten zu überbrücken. Auch das Festhalten an der eigenen Kleidung, wie Lisa es demonstriert, kann unterstützend wirken.

umzugehen und sich zu beruhigen. In konflikthaften Situationen fassen sich Kinder beispielsweise häufig mit den Händchen ins Gesicht oder an den Kopf. Teilweise verdecken sie dabei auch die Augen, um damit der Angst auslösenden Situation erst einmal auszuweichen. Diese Strategie ist jedoch nur so lange wirkungsvoll, wie das Kind annimmt, dass Bedrohungen verschwinden, wenn man sie nicht mehr sieht. So wie Kinder häufig noch denken, dass sie sich vor anderen verstecken können, indem sie eine Kapuze über den Kopf ziehen, so kann auch die Bedrohung durch ein Verschließen der Augen zum Verschwinden gebracht werden. Eine hilfreiche Strategie, um sich zu beruhigen, kann auch das Festhalten an der eigenen Kleidung sein. Viele Kinder haben aus diesem Grund Schmusetiere oder Schmusedecken, die ihnen Sicherheit und Beruhigung bieten. All diese Strategien sind jedoch nur als Ersatz zu sehen, die zu einer Beruhigung beitragen, wenn die Eltern als bevorzugte Sicherheitsbasis gerade nicht zur Verfügung stehen.

Schmusetiere

Die meisten Kinder haben ein Objekt, zu dem sie eine sehr innige Beziehung entwickeln. Dies können Puppen, Plüschtiere, aber auch Decken oder Tücher sein. Das Gemeinsame ist lediglich, dass es sich meistens um weiche Dinge handelt, an die man sich anschmiegen kann. Häufig sind es Gegenstände, die das Kind über einen längeren Zeitraum beim Einschlafen zum Kuscheln und Anschmiegen genutzt hat. Die Kuschelobjekte werden überallhin mitgetragen und häufig mit der Zeit ausgesprochen unansehnlich. Es fällt dem Kind jedoch oft extrem schwer, sich davon zu trennen (sei es auch nur für die dringend notwendige Wäsche) und einen Ersatz zu akzeptieren. Viele Erwachsene besitzen noch ihre einstigen Kuscheltiere.

Sind die Bezugspersonen nicht präsent, ersetzen Kuscheltiere sie so lange, bis sie wieder zur Verfügung stehen. Viele Kinder haben ein Kuscheltier, das sie besonders lieben und an dem sie manchmal über Jahre hinweg hängen. Beim Einschlafen spielt das Kuscheltier oder ein Schmusetuch oft eine wichtige Rolle.

Kontaktaufnahme

Kinder entwickeln schon früh Interesse für andere Kinder. Man kann häufig beobachten, dass fremde Kinder untereinander spontan Kontakt aufnehmen, während sie sich in der Interaktion mit Erwachsenen scheu verhalten. Zur Kontaktaufnahme gehört nicht selten auch ein spontanes Streicheln, um dem Gegenüber seine positiven Absichten zu demonstrieren. Schon bei kleinen Kindern kann man beobachten, dass sie andere Kinder trösten, wenn sie sie weinend oder traurig erleben. Obwohl verschiedene Formen der Kontaktaufnahme also nicht selten sind, lassen sich echte Spielaktivitäten in den ersten Lebensmonaten noch nicht beobachten. Die Kinder interessieren sich zwar füreinander, sind jedoch noch nicht dazu in der Lage, miteinander zu spielen. Dies liegt daran, dass dies eine Abstimmung der gegenseitigen Aktivitäten erfordert, wozu kleine Kinder zunächst noch nicht in der Lage sind. Typischerweise überwiegt in den ersten zwei bis drei Jahren das Parallelspiel, bei dem die Kinder nebeneinander spielen, sich dabei gegenseitig beobachten, ihre Aktivitäten aber noch nicht aufeinander beziehen. Erst danach folgen echte Sozialspiele, bei denen die Kinder untereinander vereinbaren, was gespielt werden soll, und dann jeweils ihren Spielpart übernehmen.

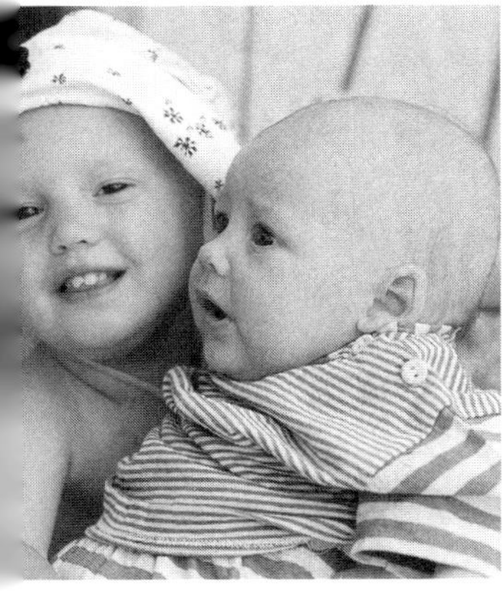

Kleine Kinder können zwar schon auf vielfältige Weise miteinander umgehen, dabei jedoch kaum wechselseitig aufeinander eingehen. Die Spielphasen sind oft noch kurz – werden die Kinder älter, ändert sich das rasch.

Spielen

Mit zwei bis drei Jahren fangen Kinder an, sich stark für Gleichaltrige zu interessieren. Vorher spielen sie vielleicht nebeneinander, aber nicht miteinander. Die Spielgruppen sind dabei häufig streng nach Geschlechtern getrennt. Jungen und Mädchen möchten nichts miteinander zu tun haben (vor allem im Kindergarten- und Grundschulalter).

In den ersten Lebensjahren spielt das Geschlecht bei der Wahl der Interaktionspartner noch eine geringere Rolle, da die eigene Geschlechtsidentität noch nicht abschließend entwickelt ist. Dies zeigt sich daran, dass Kinder im Alter von zwei bis drei Jahren oft noch der Meinung sind, ihr Geschlecht wechseln zu können (zum Beispiel durch den Wechsel der Bekleidung). Erst stabile Vorstellungen über das eigene Geschlecht lassen es zu, sich verstärkt im Sinne einer bestimmten Geschlechterrolle zu verhalten.

Lisa muss sich mit ihrem älteren Freund Julian auseinander setzen, wenn er ihren Plüschhasen hat.

Kinder auf der ganzen Welt spielen auch mit Objekten. In vielen nicht-westlichen Kulturen stellen sie sich die Gegenstände für das Spiel selbst her, zum Beispiel aus Stöckchen, Blättern, Gräsern. Diese Objekte werden nicht aufgehoben, um sie später weiterzubenutzen, sondern für jedes Spiel neu hergestellt. Unsere Kinder dagegen bevorzugen gekaufte Dinge und hüten und sammeln diese. So füllen sich im Laufe der Zeit die Kinderzimmer mit Spielzeug, und gerade in den ers-

Das Wetter im Sommer lässt es zu, dass auch raumgreifende Aktivitäten verstärkt durchgeführt werden können. Dadurch bietet sich mehr Gelegenheit zum Rennen und Toben und auch zur Beschäftigung mit größeren Spielzeugen.

ten Lebensjahren fällt es vielen Kindern schwer, sich von irgendetwas zu trennen. Selbst unansehnliche und in den Augen Erwachsener wertlose Gegenstände haben ihre Bedeutung. Möchten die Eltern etwas weggeben, können sie spätestens bei einem zweijährigen Kind mit lautstarkem Protest rechnen.

Abzugeben fällt vielen Kindern gerade in diesem Altersbereich sehr schwer. Diese Kinder weigern sich dementsprechend auch, beispielsweise eigenes Spielzeug mit anderen Kindern zu teilen, selbst wenn reichlich Spielzeug vorhanden ist. Etwas abgeben lernen ist daher eine wichtige Entwicklungsaufgabe für die nachfolgenden Jahre. Eltern können

durch ihre Erziehung dabei mitwirken, indem sie Kinder immer wieder dazu anleiten und selbst durch ihr Verhalten als positives Modell dienen. Leichter fällt das Abgeben, wenn viel Kontakt zu gleichaltrigen Kindern besteht, da hier Erfahrungen des Teilens leichter gemacht werden können.

Betrachtet man die Art der Spielzeuge, mit denen Kinder spielen, so stellt man fest, dass Mädchen- und Jungenspiele sich in charakteristischer Weise unterscheiden. Es ist sicher kein Zufall, dass Yannick das Spielauto mit dem Anhänger fährt. Unterschiede in den bevorzugten Spielen von Mädchen und Jungen finden sich auf der ganzen Welt, unabhängig von der jeweiligen Kultur.

Geschwisterbeziehung

Die Beziehungen zwischen Geschwistern sind häufig durch Rivalität und Konflikte gekennzeichnet. Besonders die Erstgeborenen haben große Probleme, wenn sie die Aufmerksamkeit und Zuwendung der Eltern plötzlich teilen müssen. Dies ist besonders ausgeprägt, wenn der Geburtsabstand nur ein bis zwei Jahre beträgt. Das ältere Kind muss nun lernen, mit der geteilten Aufmerksamkeit der Eltern umzugehen, zuvor stand es ja selbst allein im Mittelpunkt. Manche Kinder entwickeln in dieser Situation Strategien, um wieder mehr Aufmerksamkeit auf sich selbst zu lenken: Beispielsweise versuchen sie, durch längst überwunden geglaubte kleinkindliche Verhaltensweisen ihre Unterstützungsbedürftigkeit zu demonstrieren. Die Palette ist hier groß: Schon lange trockene Kinder machen wieder in die Hose, andere fallen zurück in die Babysprache oder wollen unbedingt plötzlich nicht mehr

aus dem Glas, sondern aus dem Fläschchen trinken. Auch Quengeln und offene Eifersüchteleien sind nicht selten.

Ist der Altersabstand groß genug, kann das ältere Kind mit der reduzierten Aufmerksamkeit leichter umgehen und selbst (oft mit viel Freude und Enthusiasmus) an der Versorgung des neuen Geschwisters teilhaben. Trotz der manchmal auftretenden Probleme ergeben sich aus der Interaktion zwischen Geschwistern wichtige Lernerfahrungen. Hierzu gehört beispielsweise der Umgang mit Konflikten, sich arrangieren zu lernen und Kompromisse zu schließen – auch wenn es schwer fällt.

Einzelkinder müssen diese Lernerfahrungen im Umgang mit Gleichaltrigen häufig außerhalb des familiären Umfeldes machen.

Beziehungen unter Freundinnen sind nicht immer so einträchtig, wie auf diesen Bildern gezeigt, da auch Eifersüchteleien nicht selten sind. Bei Ida stehen die Sorge und Unterstützung für Antonia im Vordergrund.

Bindung

Auch Väter sind von Anfang an wichtige soziale Partner für ihre Kinder. Dadurch, dass Väter heute häufig mehr Zeit mit ihren Kindern verbringen können, als dies in der Vergangenheit der Fall war, entwickeln Kinder oft eine ähnlich intensive Bindung zu ihrem Vater wie zur Mutter. In Untersuchungen hat sich beispielsweise gezeigt, dass Kinder, die in Gegenwart ihrer Eltern mit einer fremden Person konfrontiert wurden, sich gleich häufig an ihren Vater und ihre Mutter wandten, um Schutz zu suchen.

Väter verhalten sich im Umgang mit ihren Kindern allerdings meist anders als Mütter. Sie toben mit ihren Kindern, sie stimulieren sie kräftig durch Hochheben, ihre Spiele sind heftiger. Bei Müttern überwiegen dagegen Spiele, die weniger physische Aktivitäten, aber dafür stärker sprachliche Elemente enthalten. Kleine Kinder erkennen schnell die unterschiedlichen Rollen von Müttern und Vätern. Sind sie traurig oder brauchen sie Trost, bevorzugen Einjährige ihre Mütter, wollen sie spielen oder suchen sie Abwechslung, wählen sie die Väter. Aber auch die Männer verfügen über das gesamte Verhaltensrepertoire im Umgang mit kleinen Kindern. Für das anfangs extrem hilflose und unterstützungsbedürftige Kind bedeutet dies eine zusätzliche Absicherung, da beide Elternteile sein Überleben sichern können.

Insgesamt verbringen Väter dennoch häufig deutlich weniger Zeit mit ihren Kindern als Mütter, da in vielen Familien noch immer eine traditionelle Rollenverteilung vorherrscht, das heißt, die Männer gehen arbeiten, und die Frauen bleiben,

Ein Kind erlebt häufig besonders viel körperliche Aktivität im Umgang mit seinem Vater. Viele Babys zeigen durch Lachen und Quietschen an, dass sie noch mehr davon wollen.

Lucias Vater hat erkannt, dass sie nun eine Ruhepause braucht. Liebevoll begleitet er sie mit seinem Blick.

wenigstens bis das Kind in den Kindergarten geht, zu Hause.

Obwohl Mütter und Väter grundsätzlich über ähnliche Verhaltensweisen im Umgang mit Kindern verfügen, kommt es durch den größeren Zeitanteil der Mutter häufig zu einer intensiveren Bindung an sie. Dabei spielt auch eine Rolle, dass durch die häufigeren Interaktionen mehr Gelegenheiten bestehen, das Kind mit seinen Eigenheiten kennen zu lernen. So zeigte sich in Untersuchungen beispielsweise, dass Mütter zwischen verschiedenen Formen des Weinens ihres Kindes besser unterscheiden konnten als Väter; demnach spielt auch die Erfahrung im Umgang mit einem Kind eine Rolle. Im Laufe der Zeit bilden sich mehr oder weniger feste Verhaltensmuster im Kontakt mit bestimmten Personen heraus, die ebenfalls dazu führen können, dass in manchen Situationen gewohnheitsmäßig eher die Mutter oder eher der Vater bevorzugt wird. Wenn sich beide Elternteile um das Kind kümmern, hat es die Gelegenheit, insgesamt breitere Lernerfahrungen zu machen. Dies kann bei Alleinerziehenden dadurch kompensiert werden, dass möglichst viele Kontakte zu anderen Personen geschaffen und über längere Zeit aufrechterhalten werden.

Tiere

Viele Kinder wachsen mit Tieren auf und betrachten diese als Spielkameraden. Vor allem bei Tieren, die kleiner sind als das Kind, sind die Ängste häufig gering und zumindest bald abzubauen. Hinzu kommt, dass viele Tiere (wie beispielsweise Hunde oder Katzen) ein kuscheliges Fell besitzen, das Kinder gern berühren und streicheln. Durch den Umgang mit Tieren können Kinder lernen, die Verantwortung für ein Lebewesen ganz oder zumindest teilweise zu übernehmen. Dies gilt vor allem für ältere Kinder, die sich an der Versorgung eines Tieres beteiligen können. Sie lernen dadurch nicht nur den Umgang mit Tieren, sondern auch, was es bedeutet, verantwortlich zu sein. Eltern sollten jedoch bedenken, dass vor allem jüngere Kinder häufig am Anfang mit Enthusiasmus bei einer Sache sind, dann jedoch auch schnell wieder das Interesse verlieren können. Wenn ein Haustier angeschafft werden soll, ist daher auch zu überlegen, wie mit dieser Situation umgegangen werden soll, damit das Tier nicht letztendlich darunter leiden muss. Weiterhin ist zu bedenken, dass der Umgang mit Tieren mit Gefahren verbunden sein kann.

Auch darüber sollten sich Eltern Gedanken machen, um beispielsweise Verletzungen oder Infektionen des Kindes zu vermeiden. Es ist also auch wichtig, dass Kinder im Umgang mit Tieren lernen, eine der jeweiligen Tierart angemessene Nähe bzw. Distanz einzuhalten.

Kinder lieben Tiere und zeigen ihnen gegenüber häufig Fürsorge und Pflegeverhaltensweisen. Sie füttern und streicheln sie und möchten sie ganz fest drücken. Dies sollte je-

Lisa betrachtet das Spiel der Katze eher skeptisch. Besonders wenn sie bereits unangenehme Erfahrungen gemacht hat, wird sie daraus gelernt haben und vorsichtig sein.

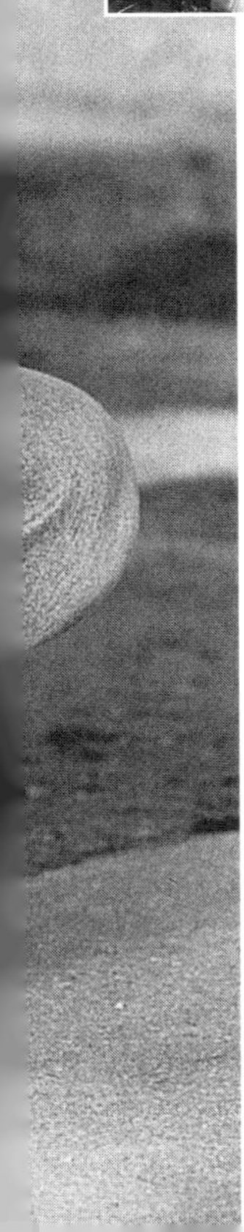

doch immer unter den Augen von Mutter oder Vater (und nicht nur bei fremden Tieren) erfolgen, zum Schutz von Tier und Kind.

Obwohl eine natürliche Neugier Kinder zu Tieren hinzieht, sind sie jedoch (je nach Art des Tieres) durchaus auch skeptisch und vorsichtig. Das Verhalten der Eltern liefert ihnen in dieser Situation häufig eine Richtschnur für die eigene Einstellung. Ein besorgter und warnender Gesichtsausdruck hält das Kind meist zurück, während aufmunternde Worte und zustimmende Blicke es dem Kind erleichtern, Kontakt aufzunehmen und selbst erste Erfahrungen zu sammeln.

Im Umgang mit Tieren gibt es viel Neues zu entdecken, das immer wieder Konflikte zwischen Annäherung durch Neugier und die Neigung zur Flucht durch Ängste hervorruft. Auch Hannah sieht den Hühnern mit einiger Skepsis zu – der schützende Arm des Vaters hilft jedoch.

Literaturhinweise

Blume, Angelika; Bopp, Annette (Hrsg.): *Das erste Jahr. Das umfassende Handbuch für die junge Familie.* Kösel 1999

Dornes, Martin: *Der kompetente Säugling. Die präverbale Entwicklung des Menschen.* Fischer 1993

Ernst, Andrea; Herbst, Vera; Langbein, Kurt; Skalnik, Christian: *Kursbuch Kinder. Eltern werden – Eltern sein.* Kiepenheuer & Witsch 1993

Griffiths, Ruth (Deutsche Bearbeitung von Brandt, Ingeborg): *Griffiths Entwicklungsskalen (GES) zur Beurteilung der Entwicklung in den ersten beiden Lebensjahren.* Hogrefe 1983

Hilsberg, Regina: *Körpergefühl. Die Wurzeln der Kommunikation zwischen Eltern und Kind.* Rowohlt TB 1985

Keller, Heidi (Hrsg.): *Handbuch der Kleinkindforschung.* Huber 1997

Keller, Heidi; Meyer, Hans J.: *Psychologie der frühesten Kindheit.* Kohlhammer 1982

Largo, Remo H.: *Babyjahre. Die frühkindliche Entwicklung aus biologischer Sicht. Das andere Erziehungsbuch.* Carlsen 1997

Leach, Penelope: *Die ersten Jahre deines Kindes.* dtv 1998

Miller, Lisa: *Versteh dein Baby. Ein praktischer Elternratgeber für das erste Lebensjahr.* Beltz 1997

Molcho, Samy: *Körpersprache der Kinder.* Mosaik 1996

Morris, Desmond: *Babywatching. Was dir dein Baby sagen will.* Heyne 1996

Sanger, Sirgay: *Schau, ich will dir was sagen! Die wortlose Sprache der Babys.* Kösel 1992

Schilte, Christine; Auzouy, Françoise: *Das Wunder der ersten Jahre. Ihr Kind von 0–3 Jahre.* Ravensburger 1997

Sichtermann, Barbara: *Leben mit einem Neugeborenen. Über das erste halbe Jahr.* Fischer TB 1997

Stern, Daniel: *Die Lebenserfahrung des Säuglings.* Klett-Cotta 1994

Szasz, Suzanne; Taleporos, Elisabeth: *Körpersprache unter Geschwistern. Wie Eltern ihre Kinder besser verstehen können.* Lübbe 1985

Thornson, John B.: *Kinderwelt. Die Entwicklungsschritte der ersten sieben Jahre erkennen, verstehen, annehmen.* Mosaik 1995

Zimmer, Katharina: *Das wichtigste Jahr. Die körperliche und seelische Entwicklung im ersten Lebensjahr.* Kösel 1996

Zimmer, Katharina: *Schritte ins Leben. Die seelische und körperliche Entwicklung von Kleinkindern.* Kösel 1992

Register